역사를 읽으면 통찰력을 얻는다
중국역사를 읽으면 중국으로 가는 길이 보인다

21일간의 이야기만화 역사기행

만리 중국사

COMIC VERSION OF CHINESE HISTORY 10, 11

Copyright ⓒ 中国美术出版社总社连环画出版社；编绘：孙家裕；主笔：孙轶彬 · 尚嘉鹏
Korean translation copyright ⓒ 2013 by Korean Studies Information Co., Ltd.
Korean translation rights of 《COMIC VERSION OF CHINESE HISTORY》
arranged with LIANHUANHUA PUBLISHER directly.

21일간의 이야기만화 역사기행

05권 춘추전국 4

초판인쇄 2014년 1월 15일
초판발행 2014년 1월 15일

글·그림 쑨자위
글 쑨이빈, 상자펑
옮긴이 류방승
펴낸이 채종준
기획 권성용
편집 정지윤, 백혜림
디자인 박능원, 이효은
마케팅 송대호, 정경철, 이행은

펴낸곳 한국학술정보(주)
주소 경기도 파주시 문발동 파주출판문화정보산업단지 513-5
전화 031) 908-3181(대표)
팩스 031) 908-3189
홈페이지 http://ebook.kstudy.com
전자우편 출판사업부 publish@kstudy.com
등록 제일산-115호(2000. 6. 19)

ISBN 978-89-268-5421-1 14910
      978-89-268-5416-7 14910(set)

05 권 춘추전국 4

대변혁의 시대, 새 판을 짜다

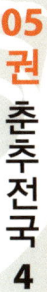

쑨자위 글 · 그림
쑨이빈, 상자펑 글

만리 중국사

21일간의 이야기만화 역사기행

이담
Books

추천사

　중국은 세계 4대 문명 발상지 가운데 하나다. 중화 문명은 아득히 먼 옛날부터 수천 년 동안 전해져 내려오며 상고上古, 하夏, 상商, 주周, 춘추春秋, 전국戰國, 진秦, 서한西漢, 동한東漢, 삼국三國, 서진西晉, 동진東晉, 남북조南北朝, 수隋, 당唐, 오대십국五代十國, 송宋, 요遼, 서하西夏, 금金, 원元, 명明. 청淸 등의 역사 시대를 거쳤다.

　중화 문명은 세계에서 가장 오래된 문명이자 가장 오래 지속된 문명이기도 하다. 중화 문명과 어깨를 나란히 한 문명으로는 고대 바빌론 문명, 고대 그리스 문명, 고대 이집트 문명 등이 있다. 어떤 문명은 중국보다 먼저 발생하고, 또 범위도 훨씬 넓었지만 이들은 이민족의 침입 혹은 스스로의 부패로 인해 멸망하여 결국 기나긴 역사 속에서 연기처럼 사라져 버렸다. 중국만이 세계에서 유일하게 문명 대국을 자랑하며 유구한 역사를 이어 오고 있다.

　수천 년 동안 중화 민족은 무엇에도 굴하지 않는 강인한 의지와 과감한 탐구 정신, 총명한 지혜로 웅장한 역사의 장을 엶과 동시에 눈부시게 찬란한 물질문명과 정신문명을 창조했다.

　이 책의 편집 제작은 정사正史를 바탕으로 진실하고 객관적인 사실을 전달하는 데 주력했다. 또한 역사를 만화 형식으로 풀어 씀으로써 독자들이 아름답고 다채로우며 생동감 넘치는 장면을 느끼리라 기대한다. 독자 여러분들이 쉽고 재미있게 읽는 가운데 역사를 직접 느끼고 역사에 융화되어 깨닫는 바가 있기를 바란다.

지롄하이紀連海
중국 CCTV '백가강단百家講壇' 강사

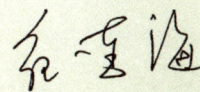

대변혁의 시대,
새판을 짜다

주나라가 견융의 침입을 받아 낙읍으로 천도한 기원전 770년에서 기원전 403년까지의 시기를 춘추시대, 한韓·조趙·위魏가 진晉을 삼분한 기원전 403년부터 진秦이 중국을 통일한 기원전 221년까지를 전국시대라고 칭한다. 춘추전국시대는 중국 역사상 분열과 대결이 가장 치열하고 오래 지속된 시기이다.

춘추시대 주나라 세력의 약화로 제齊 환공桓公, 송宋 양공襄公, 진晉 문공文公, 진秦 목공穆公, 초楚 장왕莊王이 차례로 패권을 차지했다. 이를 가리켜 '춘추오패春秋五霸'라고 부른다 (일설에는 송 양공과 진 목공 대신 오왕吳王 합려闔閭와 월왕越王 구천勾踐을 넣는다).

춘추시대 초기에 약 140개에 달하던 제후국은 360년간의 전쟁을 거치면서 전국시대 초기에 겨우 20여 개밖에 남지 않았다. 그중 세력이 막강했었던 진秦·제齊·조趙·위魏·한韓·초楚·연燕의 7개 나라를 '전국칠웅戰國七雄'이라고 칭한다.

춘추전국시대는 중국 역사의 대변혁 시기였다. 먼저 사회 생산력이 눈부시게 발전했다. 철기와 소갈이가 널리 보급되고, 천문학·의학·물리학 등 자연과학이 크게 발전하여 일부 과학기술 성과는 당시 최고 수준에 도달했다. 또한 예악禮樂이 붕괴되면서 주나라 통치 질서가 와해되고 제후들이 패권을 다투느라 전쟁이 끊임없이 벌어졌다.

이런 분열 시기에 현실적인 개혁 요구에 부응하는 다양한 사상적 경향으로 등장한 제자백가諸子百家는 중국 문화와 사상의 골격을 형성했다. 제자백가는 인간 중심적인 사상을 지향하면서 현실 정치의 문제에 관심을 기울였고, 지식의 적극적인 공개와 교육을 통해 학파를 형성했으며, 평화주의적인 입장을 강조하기도 했다. 주요 학파로는 유가, 묵가, 도가, 법가가 있었다. 이로 인해 사상과 문화가 전에 없이 번영한 춘추전국시대는 중국 사상사의 황금기를 이룩했다.

각국의 치열한 전투와 경쟁 속에서 상앙은 변법을 시행해 진나라의 부국강병을 신속하게 이루었다. 이를 계기로 후발주자인 진나라는 우위를 선점하고 잇달아 다른 제후국을 병탄하여 영정(진시황)이 마침내 통일 대업을 완수했다.

시대별 주요사건

상고 上古	B.C. 약 800만~2000년
하 夏	B.C. 2070~1600년
상 商	B.C. 1600~1046년
주 周	B.C. 1046~771년
춘추 春秋	B.C. 770~403년
전국 戰國	B.C. 403~221년
진 秦	B.C. 221~206년
한 漢	서한 西漢 B.C. 206~A.D. 25년
	동한 東漢 25~220년
삼국 三國_위·촉·오	220~280년
양진 兩晉	서진 西晉 265~317년
	동진 東晉 317~420년
남북조 南北朝	420~581년
수 隋	581~618년
당 唐	618~907년
오대십국 五代十國	907~960년
송 宋	북송 北宋 960~1127년
	남송 南宋 1127~1279년
요 遼	907~1125년
서하 西夏	1038~1227년
금 金	1115~1234년
원 元	1271~1368년
명 明	1368~1644년
청 淸	1644~1911년

전국 戰國

- B.C. 278년 진秦나라가 초의 수도 점령, 굴원이 멱라강에 투신
- B.C. 269년 알여에서 조나라가 진秦나라를 대파
- B.C. 266년 진秦나라가 범수를 재상으로 기용
- B.C. 260년 진秦나라와 조나라의 장평 전투
- B.C. 258년 진秦나라가 한단을 포위함.
- B.C. 256년 진秦나라가 서주를 멸함.
- B.C. 251년 이빙 부자가 도강언을 축조
- B.C. 249년 여불위가 진秦나라 재상에 임명됨.
- B.C. 238년 진왕 정이 정권 장악
- B.C. 230년 진秦나라가 한나라를 멸함.
- B.C. 227년 형가가 진왕 암살을 기도
- B.C. 225년 진秦나라가 위나라를 멸함.
- B.C. 221년 진시황이 중국을 최초로 통일

차례

전국 下

전국 上

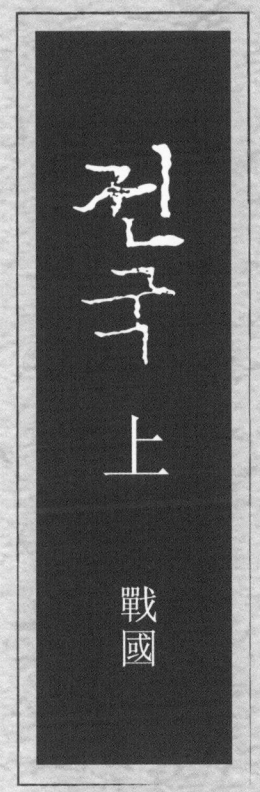

전국 上

戰國

굴원屈原

이름은 평ᵖᵘ으로 전국시대 말기
초나라 사람이다. 초 회왕을
충심으로 섬겼지만 여러 차례
배척을 당해 멱라강汨羅江에
몸을 던져 자살했다. 그는 중국의
대표적인 낭만주의 시인으로
'초사楚辭'라는 문체를 창시했다.
대표작으로는 「이소離騷」가 있다.

조사趙奢
전국시대 말기
조나라의 명장이다.

범수范雎

전국시대 위나라 사람으로
저명한 정치가이자
군사 모략가이다.
진나라 승상에
임명되어 진나라가
천하를 통일하는 데
중요한 역할을 했다.

수고須賈
위나라의 중대부로
명재상인 범수와
은혜와 원한의 관계로
유명하다.

평원군平原君
조 무령왕의 아들로
당시의 유명한 정치가였으며
문객 모으길 좋아했다.

조괄趙括
조사의 아들로
병서를 많이 읽었지만
활용하지 못했다.
지휘 실수로 인해
조나라 군대가 장평
전투에서 전멸했다.

모수毛遂

평원군의 문객으로 있으면서 3년
동안이나 재능을 드러내지 못했다.
초나라 사신으로 가겠다고 스스로를
추천하여 초와 조의 동맹을 이끌어내
명성을 떨쳤다.

조趙 **효성왕**孝成王

조 혜문왕의 아들로
진나라의 반간계에
빠져 염파를 쫓아내고
조괄을 대장에 임명
했다. 후에 항복한
조나라 군사 40만
명이 진나라에게
생매장되었다.

위무기魏無忌

호는 신릉군信陵君으로 위나라
귀족이며 위나라가 쇠퇴하던
시기에 태어났다.
문객 모으길 좋아했고,
두 차례나 진나라 군대를
물리쳐 조나라와
위나라를 위기에서
구했다.

초楚 **고열왕**考烈王

춘신군을 재상에 임명했다.
『전국책戰國策』에 따르면 고열왕이
아들이 없어서 춘신군이 조나라
사람 이원李園의 누이와 혼인한 후
그녀가 임신을 하자 고열왕에게
보냈다고 한다. 아들을 낳아 태자로
세우니 그가 바로 초 유왕이다.

춘신군春申君

본명은 황헐黃歇이다.
전국시대 초나라의
대신으로 유명한 정치가
이자 군사 전략가이다. 고열왕이
병사하자 문상을 가다가
이원이 보낸 자객의
칼을 맞고 죽었다.

염파廉頗

전국시대 조나라의
걸출한 장수이다.
백기, 왕전, 이목과
함께 4대 명장으로
꼽힌다.

시대별지도 - 전국戰國

동호東胡

흉노匈奴

연燕

조趙

진秦

위衛

제齊

낙읍洛邑
주周 ◉

한韓

초楚

멱라강에 몸을 던진 굴원

초 회왕은 진나라 장의의 속임수에 넘어가 병사와 땅을 잃고 국력이 크게 쇠퇴했다. 기원전 299년, 진나라는 초 회왕에게 양국의 관계 개선을 위한 동맹을 제안했다.

진왕이 과인에게 진나라로 와 동맹을 맺자는데, 여러분의 생각은 어떻소?

간사하기 그지없는 진나라를 믿어서는 안 됩니다.

과인도 가기 싫지만 진왕이 꼭 오라니……

그니까 해결책을 말하라고, 이것들아!

15

그렇다면 제가 대왕 대신 진나라에 다녀오겠습니다.

어라?! 선수를 치다니!!!

굴원, 과인이 사람을 잘못 보지 않았구려!

부왕께서 직접 가지 않으면 진왕이 우리의 진의를 의심하게 됩니다.

초 회왕 아들

초나라가 진나라 신하도 아닌데 진왕이 오란다고 갑니까?

우린 지금 진나라의 상대도 안 되고, 진나라와 척을 져 좋을 것도 없소.

자란의 말이 옳다. 진나라의 심기를 건드리지 않게 과인이 직접 가는 것이…

가신다면 제가 대왕을 호위하겠습니다.

굴원은 문관이니 호위는 제게 맡겨 주십시오.

올아들이지만 참 믿음이 안 가……

16

크...큰일 났습니다!

대인, 대왕이 진나라에 억류되셨답니다!

하지만 초 회왕은 진나라 영토로 들어서자마자 군사들에게 사로잡히고 말았다.

뭐야?!! 자란이 대왕을 호위하지 않았느냐?

자란이 대왕을 버리고 혼자 돌아왔습니다.

자초지종을 상세히 말해 보아라.

이래서 자식 키워봐야 ......

17

진왕이 대왕을 볼모로 땅을 요구하는데 왜 대답이 없으십니까?

그게 ……

저 놈이!

이건 주군의 결정이니 태자와는 무관하오.

우리가 이 상황을 가만히 앉아서 보고만 있다간 천하의 웃음거리가 됩니다.

걱정 마시오. 태자가 섭정하게 되면 초나라는 곧 강대해질 테니까.

그럼 이게 다 당신들이 꾸민 짓이오?

대왕을 팔아 먹다니!

무엄하구나. 감히 조정에서 우리 형제를 모욕하다니!

굴원을 당장 끌어내라!

태, 태자!

형님, 골칫거리인 굴원을 아예 귀양 보내버리세요.

그리 해라.

초나라를 위해 충성을 다했는데 결국 유배나 당하는 꼴이라니.

굴원 대부, 여긴 어쩐 일이십니까?

온 세상이 흐린데 나 혼자 맑고, 뭇사람이 취했는데 나 홀로 깨어 있네!

세상이 온통 더러운데 왜 홀로 고결하려 하십니까? 세상이 모두 취했는데 왜 홀로 깨려 하십니까?

몸을 깨끗이 하고서 어찌 더러운 것을 묻히겠느냐?

그럼 남의 생각에 개의치 마시고 스스로 옳은 길을 따르십시오!

!!!

맑고 푸른
강물에 내
갓끈을 씻고,

물이 탁해지면
내 발을 씻네.

세상의 이치를
꿰뚫은 은사로다.
하지만 난 조국 걱정에
초탈하기 어렵구나.

기운이
없어 보이셔.

저기 굴원
대부 아냐?

저희는
대부님의 억울
함을 잘 알고
있습니다.

태자가 대인을
버렸지만
초나라 백성은
대인이 필요
합니다.

맞는 말이다.
초나라는 결코
도읍이나 초왕이
전부가 아니다.

대부님,
초나라를 위해
꼭 살아 계십시오!

고맙소!

유배를 떠나던 굴원이 어느 마을을 지날 때였다.

사람에겐 결국 아름다운 자녀가 생기는데 왜 걱정에 잠겨 있느냐?

들어올 때 말 없고 나갈 때 인사 없으니 바람 타고 구름 깃발 꽂았네.

슬프고도 슬프기는 살아 이별하는 것이고

기쁘고도 기쁘기는 서로 사랑하는 것이네.*

대인, 어디 가십니까?

마침내 내 사명을 깨달았다. 초나라 땅에 전해 내려 오는 노래와 전설을 모아 초나라 말과 운율로 기록하자.

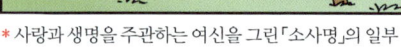

* 사랑과 생명을 주관하는 여신을 그린 「소사명」의 일부

굴원은 초나라 산천을 두루 다니며 「이소」, 「구가」 등 아름다운 시를 지었다. 이 기간에 초 회왕이 진나라에서 객사하고 태자가 정식으로 초 경양왕에 즉위했다.

왜 다들 영도 쪽에서 오느냐?

소식 못 들으셨습니까?

진나라가 영도로 쳐들어옵니다.

뭐?

가지 마세요. 곧 전쟁이 터져요.

빨리 영도로 가 봐야겠다.

초나라 영도

앗, 초왕과 자란이군.

대왕, 설마 초나라 도읍을 버리고 달아나시는 겁니까?

굴원?

귀양 간 자가 여긴 어떻게 돌아왔느냐?

선왕의 능묘가 모두 영도에 있는데 이렇게 달아나시다니요?

과인도 가고 싶지 않지만 진나라에게는 역부족이라.

24

영도는 성벽이 높고 견고하여 대왕께서 지키겠다는 결심만 서면 장병들이 목숨을 걸고 싸울 것입니다!

이런 자가 한 나라의 대왕이라니……

지체하면 늦습니다. 저런 쓸데없는 말은 무시하십시오!

가자.

대왕, 대왕……

수백 년을 이어온 도읍을 이렇게 쉽게 포기하다니.

엇, 굴원 대인이다.

대인, 그쪽은 멱라강으로 가는 길입니다.

완전 넋이 나가셨군. 쯧쯧.

망연자실…

싸싸

간신이 득세하고 초왕은 우유부단하여 초나라 부흥의 희망은 전혀 없다.

고통스럽게 사느니 이 강물에서 영원히 잠들자.

굴원이 투신한 후 그를 애도하는 초나라 사람들이 물고기가 그의 시체를 먹지 못하게 멱라강에 찹쌀을 뿌렸다. 이 전통이 이어져 내려오면서 단오절에 종자* 먹기, 용선 경주** 등 굴원을 기념하는 풍습이 생겼다.

* 종자(粽子)
찹쌀을 대나무 잎사귀나 갈댓잎에 싸서 삼각형으로 묶은 후 찐 음식. 단오절에 굴원을 기리기 위한 풍습으로 내려오고 있다.

** 용선(龍船) 경주
강물에 빠진 굴원을 구하기 위해 마을 사람들이 최선을 다해 노를 저어 강을 샅샅이 뒤진 데서 유래했다. 용선은 뱃머리에 용의 모형을 장식한 배이다.

조사가 꾀로 알여의 포위를 풀다

상앙의 변법 이후 국력이 막강해진 진나라는 나머지 육국을 강하게 압박했고 기원전 270년, 진나라가 한나라 알여關與를 침공했다. 알여 태수는 다급한 나머지 조나라에 구원을 요청했다.

알여가 버티기 힘드니 조왕께서 속히 구원병을 보내 주십시오.

조나라

알았으니 돌아가 있거라.

예!

염파 장군, 구원병 파견에 대해 어떻게 생각하시오?

27

알여는 너무 멀고 길이 험해서 구원병을 보내기 쉽지 않습니다.

악승의 생각은 어떻소?

그렇지!

신도 염 장군의 의견과 같습니다.

휴……

얜 뭐야?

양국은 순망치한의 관계라 구원병을 꼭 보내야 합니다.

조사, 좋은 계책이 있으면 말해 보시오.

진나라와의 이번 싸움은 쥐 두 마리가 같은 구멍에서 만나 싸우는 것과 같습니다.

좁은 길에서 만나면 용감한 자가 이기지!

좋다!

10만 병력을 이끌고 알여를 구하시오.

예!

출발 전에 하나만 약속해 주십시오.

말하시오.

장수가 밖에 있으면 군명을 받지 않는 법이니 누가 저를 헐뜯어도 절대 믿지 마십시오.

걱정 마시오.

조나라 진영

겨우 30리밖에 안 왔는데 왜 벌써 영채*를 차리십니까?

장병들이 고생했으니 잠시 휴식을 취하라.

우리는 싸우러 왔고, 알여도 구원병을 기다립니다.

오호~ 휴식!

탁!

지금부터 군사 에 관해 떠드는 자는 엄벌에 처하겠다!

뭐, 조사가 영채를 차린 채 출동하지 않는다고?

* 영채營寨
군대가 집단적으로 거쳐가는 집.

진즉 싸우면
안 된다고
말씀드렸
잖습니까?

조사가
술만 마신다고
하니 겁먹은 것
아닐까요?

내가
뭐랬어?

인상여,
가서 진군을
재촉하시오.

사람을 썼으면
의심하지 마십시오.
조사가 분명 생각이
있을 겁니다.

조사와
약속한 바도
있고……

그래, 장수는
밖에서 군명을
받지 않는 법이니
한번 믿어 보자.

그럼
기다려
봅시다.

영명
하십니다.

장군,
지체하다간
알여를 구할 수
없습니다.

더 이상 왈가
왈부하지 말라
했거늘. 여봐라,
당장 이 자의
목을 베어라!

장군
......

진나라 군영

이 호상님이
버티고 있으니
알여로 들어올
방법이 없겠지?

크하하!

조사가 얼마 전에는
싸움을 재촉하는
장수 하나를
죽였다고 합니다.

하하!

조나라
상황을 한번
염탐해 보면
어떨까요?

좋다.

32

방문을 환영합니다.

군 진영이 이렇게나 긴장감이 없다니! 크크크

우리는 한나라를 혼내려는 것이지 조나라를 칠 생각은 전혀 없습니다.

하하!

우리도 마찬가지 입니다. 출병은 다만 한나라에 보여주기 위함 입니다.

헤헤 ......

양국이 대대로 우호 관계를 맺길 바랍니다.

살펴 가시오.

안심해도 되겠군. 훗

33

됐다. 진나라는 틀림없이 경계를 늦출 것이다.

조사는 진나라 첩자를 돌려보낸 즉시 군사들에게 진군 명령을 내렸다.

오늘밤 알여로 신속히 행군한다!

넵, 장군!

우다다

조나라 상황은 어떤가?

우리를 두려워 해 싸울 기미라고는 보이질 않습니다.

조사가 그렇지, 뭐.

히히

조나라 군대가 채 50리도 안 되는 곳에 영채를 차렸습니다!

뭐?

속았다!

진나라가 속은 걸 알면 맹공을 가할 것이니 보루를 강화하십시오.

군사에 관해 말하지 말랬는데.

그래, 좋은 계책이 있느냐?

북쪽에 있는 높은 산을 점령하면 유리한 위치에서 공격할 수 있습니다.

그리고 군법을 위반한 처벌은 달게 받겠습니다.

그건 나중에 얘기하자.

바로 정예병 1만을 이끌고 가 그 산을 빼앗아라!

조나라 군대가
북쪽 산으로
돌격 중입니다.

영채에 적이
난입했습니다.

뭣?!

공격을
멈추고
철수하라!

망했다. 흑

조나라는 알여 전투에서 진
나라 군대를 대파하고 강국
의 지위를 공고히 했을 뿐 아
니라 진나라 천하 통일의 강
력한 적수로 부상했다.

범수의 원교근공 전략

원교근공遠交近攻
먼 나라와 화친하고 가까운 나라를 쳐서
점차로 영토를 넓힌다는 뜻이다.

범수는 위나라 중대부 수고의 문객으로 재능이 뛰어났다. 하지만 수고와 재상 위제는 그가 제나라와 내통했다고 의심하여 그를 죽이려 했다. 겨우 목숨을 건진 범수는 이름을 장록으로 바꾸고 친구 정안평에게 몸을 의탁했다.

왕계, 진나라에도 이렇게 좋은 술이 있소?

헉, 범수!

정말 술맛 좋소이다. 안평의 환대에 너무 감사하오.

사실 이번에 인재를 꼭 찾아오라는 진왕의 임무를 받았소.

인재라면 아는 사람이 하나 있긴 한데.

장록 선생이라고
보기 드문 인재요.
하지만 원수에게
쫓기고 있어서 낮에는
밖으로 못 나오지요.

제가 마침 귀국길에
올라야 하는데
장 선생과 동행해도
될까요?

얘기해
보리다.

다다다

여긴 진나라
땅이니 장 선생은
한숨 돌리셔도
됩니다.

진나라는 처음
와 봤소이다.

41

쌔애앵~

양후는 의심이 많은 사람이라 마차를 수색하러 반드시 돌아올 것이오.

양후가 갔으니 나오셔도 됩니다.

여기 마부 옷이 있으니 불편하겠지만 잠시 마부로 변장하십시오.

감사합니다.

잠깐 기다리시오!

역시!

엇?

마차에 사람이 있는지 조사하라는 양후의 명이오.

조사해 보게나.

없네.

가서 양후에게 보고하자.

이런 귀신 같은 예지력이면 틀림없이 대왕에게 중용될 것입니다.

하지만 진나라가 진왕의 나라가 아니라 양후의 나라라 걱정되오.

1년 후 양후의 세력이 더욱 확대되자 진 소왕은 이를 더는 두고 볼 수 없어 왕계에게 범수를 불러오도록 했다.

진왕께서 선생을 만나겠다고 하십니다!

애쓰셨습니다.

어렵게 찾아온 기회이니 꼭 잡으십시오!

진나라 궁궐

진왕께서 행차하셨다. 빨리 절을 올려라!

진나라에는 양후가 있을 뿐 왕이 있다고는 못 들었소!

무엄하구나!

44

벽에도 귀가 있으니 목소리 낮추시오.

궁에서도 마음 대로 말을 못 하는 걸 보니 내 말이 맞았군요.

조용한 곳으로 갑시다.

이곳은 안전하니 가르침을 부탁드립니다.

음, 차 맛이 좋군요.

차 맛 타령만 계속하고……

과인에게 실망해서 아무 말도 없는 것이오?

제가 어찌 감히.

다만 진나라 중신에 관한 얘기라 대왕께서 그를 더 가깝게 여기신다면 제 목숨을 부지하기 어려워서요.

선생이 누구에 관한 얘길 해도 절대 죄를 묻지 않으리다.

진나라는 천하를 빼앗을 실력을 가지고 있습니다.

그런데 육국과 옥신각신하는 이유는 양후가 불충하기 때문입니다.

양후가 포악하긴 해도 과인에게 불충한 일은 없었던 것 같은데.

양후는 제나라를 공격하고 싶어 하지만 양국 사이에 한·위가 가로막고 있어서 전쟁을 치르기 쉽지 않습니다.

설사 승리한다 해도 제나라 땅을 진나라에 과연 편입 시킬 수 있을까요?

무슨 말인지 알았소.

제나라를 취하면 양후가 제왕에 올라 결국 그에게 기반을 닦게 하는 꼴이로군.

그렇습니다.

제·연·초 등은 진나라와 멀리 떨어져 있어서 싸워 이긴들 아무 실익이 없습니다.
반면 한·위 양국은 바로 코앞이라 힘으로 제압할 수 있습니다.

따라서 대왕은 원교근공의 계책을 채택하십시오.

선생은 정말 하늘이 과인에게 내린 인재요!

저 또한 기쁩니다.

소왕은 범수의 간언에 따라 양후 등을 나라 밖으로 내쫓았다. 이후 범수는 장록이라는 이름으로 진나라 정치를 주관했고 그의 첫 번째 목표는 위나라였다. 이에 위나라는 수고를 진나라에 보내 화친을 요청했다.

수고 대인, 진나라에 오셨단 얘길 듣고 왔습니다.

아니, 범수?!

귀… 귀신인가?

자네는 위제 손에 죽지 않았나?

요행히 목숨을 건져서 진나라로 도망쳐 마부로 일하고 있습니다.

너도 한패였잖아!

자네 재능에 마부라니, 참 안 됐군.

날씨가 꽤 추우니 이 옷을 걸치게.

혹시 장 승상을 뵌 적 있나? 그를 만나서 화친을 꼭 성사시켜야 한다네.

어? 제가 장 승상의 마부입니다.

48

그럼 좀 만날 수 있게 해 주겠나?

그러죠. 저를 따라오세요.

다다다

여기가 승상부입니다. 제가 들어가서 물어 볼게요.

부탁하네!

그럼 문 앞에서 기다리겠네.

한참이 지났는데 범수는 왜 안 나오지?

이보게, 방금 들어간 마부는 왜 아직까지 안 나오는가?

무슨 마부요?

방금 들어간 분은 장록 승상이십니다.

헉!

깜짝 놀란 수고는 범수에게 머리를 조아리며 사죄했다.

소인이 죽을죄를 지었습니다.

방금 나에게 베푼 호의를 생각해 목숨은 살려 주겠다. 하지만 돌아가서 위제를 반드시 죽여라!

소인, 명심 하겠습니다.

범수는 진나라의 힘을 빌려 위제를 핍박해 죽이고 마침내 원수를 갚았다. 한편 진나라는 범수의 원교근공 전략을 채택해 국력이 갈수록 막강해졌다.

염파를 조괄로 교체하다

기원전 261년, 진나라는 범수의 원교근공 전략에 따라 한나라의 야왕성을 공략하고, 한나라 상당군과 본국의 연락을 끊어 버렸다. 상당 태수인 풍정은 진나라에 항복하지 않고 오히려 조나라에 투항했다.

과인이 상당을 받아야 하는 건지 모르겠소.

조표, 그대의 의견은 어떻소?

진나라가 거의 손에 넣은 것을 우리가 가로챈다면 반드시 보복이 따를 것입니다.

상당군이 제 손으로 바친 걸 받지 않다니요? 조표의 말을 듣지 마십시오.

조승, 너의 탐욕이 나라를 망칠 것이다!

신에게 땅도 얻고 진나라의 보복도 피할 방법이 있습니다.

빨리 말해 보게!

먼저 상당 접수를 기정사실화하고 진나라에 화친을 청하면 됩니다. 많은 재물을 주면 진나라도 묵인할 것입니다.

내가 생각해도 기가 막히는군!

조 효성왕은 조승의 건의에 따라 상당군을 접수하고 진나라에 화친을 청했다. 진나라는 상당을 잃고 기분이 상해 즉각 대군을 출동시켰다. 이에 조나라도 염파를 상당에 파견했다.

상당

진나라 군대가 이렇게 빨리 올 줄이야.

조나라 구원병이 늦으면 상당을 어찌 지킨단 말이야?

상황이 급박하니 진나라에 항복하는 게 낫겠습니다.

탁!

내가 조나라에 항복한 건 화근을 조나라로 돌리기 위해서였다. 그래야 한나라를 보전할 수 있다.

태수님의 깊은 뜻을 몰랐습니다.

조나라 구원병을 기다리긴 너무 늦었다. 백성들을 데리고 철수하자!

옙!

으앙~

빨리 따라오시오!

염파 장군이 20만 대군을 이끌고 오고 있습니다!

드디어 살았구나!

하지만 너무 늦었다. 상당을 이미 잃었으니.

구원 병이다!

우린 살았어!

당신이 상당 태수 풍정이오?

풍정이 염파 장군을 뵙습니다.

우리 군대가 장평에 주둔해 있으니 얼른 그리로 가시오.

예!

조가, 5천 군사를 이끌고 가서 상황을 살펴 보아라.

알겠습니다!

잠시 후

조가 장군과 군사가 전멸했습니다!

뭐?

진나라 군대가
상당을 점령해
사기가 높으니 정면
대결을 피해야겠다.

장평으로
철군하라!

염파가 장평으로 돌아오자마
자 진나라 장수 왕흘이 추격해
장평 주위에 설치한 영채 4곳
을 점령하고 조나라 장수 6명
을 죽였다.

아, 상당도 잃고
우린 고전에
빠지고 말았어.

대왕이 전쟁과
화친을 놓고 주저
하지만 않았어도
……

장군, 요소
요소에 군대를
재배치했습니다.

풍정,
마침 잘 왔소.

지금 전세가
어떤 것 같소?

55

왕흘은 공격을 좋아하는 맹장이라 지구전에는 상당히 약합니다.

그럼 물샐 틈 없는 방어전으로 적을 지치게 만듭시다.

알겠습니다!

적이 우리 수원을 끊을지도 모르니 물을 많이 저장해 두시오.

염파가 장기전 태세를 갖추고 수비에 집중하자 공격이 여의치 않게 된 진나라는 초조해지기 시작했다.

염파가 비겁하게 싸우질 않는단 말이지.

게다가 아군의 군량 공급도 원활하지 않습니다.

정말이요?

범수, 얼른 방법을 찾아 보시오.

사실 이미 생각해 둔 게 있습니다.

무슨 계책인지 빨리 들어 봅시다!

역시!

바로!

반간계* 입니다!

범수는 조나라에 첩자를 보내 염파가 겁을 먹고 싸우지 않는다는 소문을 퍼뜨렸다.

염파가 겁쟁이처럼 싸우지 않는다고? 조나라 군인의 얼굴에 단단히 먹칠을 하는구나!

폭

발

＊ 반간계反間計
두 사람이나 나라 따위의 중간에서 서로를 멀어지게 하는 술책.

57

군사들이 염파의 소극적인 작전에 불만이 많다고 합니다.

과인도 여러 번 재촉했소만 말을 들어먹지 않으니……

그는 전투 경험이 없지 않나?

진나라 군사들은 조괄의 부친 조사의 명성만 들어도 간담이 서늘해질 것입니다.

겁먹은 염파 대신에 마복군으로 교체하면 진나라 군대를 물리칠 수 있습니다.

마복군 조괄?

음……

진나라의 계책에 넘어간 효성왕은 마침내 염파를 조괄로 교체했다.

인상여, 연로해서 집에서 쉬는 줄 알았더니 어쩐 일이시오?

58

대왕이 염파를
조괄로 교체한다는
말을 듣고
이 늙은이가 막으러
왔습니다!

조괄은 젊고
유능한 데다
병서도 많이
읽었는데
왜 안 되오?

그는 이론만
알 뿐 실전
경험이 전혀
없습니다.

몰라서
묻냐?

조괄이 어떻든
과인도 생각이
있으니 그만
물러가시오.

큰일이다!

대왕
……

조괄의
모친이 찾아
왔습니다.

조괄의 대장 임명을 철회해 주십시오.

흠……

어미까지 왜 이러시오?

그의 아비가 대장일 때는 먹고 쓰는 걸 병사들과 함께 나눴습니다.

조괄이 대장이 돼서는 재물을 집으로 옮기고 종일 밭과 땅을 사느라 바쁩니다.

그의 아비는 조괄을 절대 대장으로 삼지 말라고 당부했습니다.

과인이 이미 결정한 일이니 다시는 거론하지 말라!

탁!

기어이 조괄을 대장으로 삼으시려 한다면 그의 죄가 저에게까지 미치지 않게 해 주십시오.

알겠으니 나가 보시오.

귀찮아, 귀찮아!

진나라

조왕이 과연 계략에 넘어가 염파를 조괄로 교체하고 20만 대군을 더 딸려 보냈구려.

사람을 매수하느라 돈이 많이 들었을 뿐입니다.

바로 전쟁터로 갈 참이었는데 마침 잘 오셨습니다.

백기* 장군이 싸우고 싶어서 몸이 근질거렸겠소!

하핫!

* 백기白起
진나라의 맹장으로 여러 차례 전공을 세웠다. 장평 전투에서 포로들을 생매장했다가 후에 이를 후회하고 자살했다.

61

그럼 지금 바로 장평으로 가 보겠습니다.

장군, 잠깐만요!

장군이 대장을 맡은 일은 비밀로 하십시오.

비밀로요?

알겠소. 역시 승상은 주도면밀 합니다.

젊은 조 효성왕은 자기 고집대로 염파를 조괄로 교체했다. 백기 역시 조용히 전쟁터로 출발했다. 이로써 전국시대에 규모가 가장 컸던 전투의 서막이 열렸다.

40만 명을 생매장시키다

장평

노장군은 수고 많았소. 이제부터 이 조괄이 대신하겠소이다.

진나라는 강적이니 절대 경거망동*하지 말게나.

걱정 마십시오.

널 보니 걱정이 태산이다!

살펴 가세요.

염파를 돌려보낸 조괄은 마치 제 세상을 만난 듯했다.

하하, 이제는 내가 대장이다!

이 상황에 웃음이 나오냐?

장병들은 출격 준비하라!

우리는 방어를 위주로 해야지, 서둘러 공격에 나서면 안 됩니다.

왜 당신이 매번 패하는지 아쇼? 겁이 너~무 많아서 그런 것 같소만···

깐죽죽

이······

진나라가 장군의 부친을 욕하며 싸움을 걸어옵니다.

괘씸한 놈들, 내 무서움을 보여주고 말 테다!!!

돌격!

와~

도망간다. 쫓아라!

아!

진나라가 거짓으로 패한 척 하는 것이니 적진 깊숙이 들어가면 위험합니다.

왕흘을 너무 과대 평가하는군.

너, 계속 거슬려!

65

적군 대장이 백기였다면 나 역시 조심스러웠을 것이다.

하지만 왕흘은 내 상대가 못 돼!

진나라 군영

추격하라!

크하하하!

조괄이 영문 앞까지 왔습니다.

내가 이른 대로 행동하라.

조괄이 죽을 때가 됐다.

공격하라!

진나라 기병이 후방에서 갑자기 나타나 우리 부대가 양분됐습니다.

엥?!

와!

이런! 적의 계략에 빠졌다!

조괄은 어디로 달아나느냐?

앗! 백······ 기······

빨리 달아나자!

백기의 기습에 오도 가도 못하게 된 조괄은 진나라의 포위망에 갇히고 말았다.

사방이 포위돼서 돌아가기는 글렀습니다.

백기의 계략에 완전히 당했어.

진나라 왕궁

조나라 전 부대가 포위됐다고?!

과인이 직접 한중으로 가서 무기를 들 수 있는 남자를 모두 동원하겠다!

준비하라!

68

이 일은 장수를 보내면 되는데 왜 직접 가시려 합니까?

아니오.

이번 결전에서 승리하려면 군사들의 사기를 더 높여야 하오.

조나라 왕궁

뭐? 우리 전군이 포위됐다고?

즉시 구원병을 보내야 합니다.

다들 그만 나가 보시오.

에휴~

대왕!

69

전국에 총동원령을
내려 장평의
군사들을 구해야
합니다.

이 일은 조승
그대가 맡아서
처리하시오.

대왕
……

과인은
피곤해서
쉬어야겠소.

충격에
의욕을
상실하셨어.

조괄 군영

진나라 군사는
점점 많아지는데
구원병은 끝내
오지 않는구나.

71

읔!

장군!

다 내… 잘못이다 ……

대장이 죽었으니 항복합니다.

사, 살려 주십쇼!

투항병이 너무 많아서 문제가 생기겠는데요.

음……

그들을 몰살해 진나라에 대항하면 죽음뿐임을 경고해라!

40만 명 전원을요?

우리 군사는 투구에 털을 달아라. 오늘밤 털이 없는 자는 모조리 죽여라.

사람이 너무 많으니 아예 묻어 버리시죠.

오, 그거 좋은 방법이구나!

진나라의 강함을 뼈져리게 느끼게 해 주지!

장평 전투는 전국시대에 규모가 가장 큰 전투였다. 조나라가 참패하고 백기는 포로 40만 명을 생매장했다. 조괄은 경솔하게 싸움에 임했다가 전쟁에서 목숨을 잃어 후대에 '지상담병*'이라는 놀림을 받았다.

* 지상담병紙上談兵
종이 위에서 병법을 말한다는 뜻으로, 실제적인 쓰임에서는 필요 없음을 비유한 말이다.

스스로를
추천한 모수

장평 전투 후 진나라는 승세를 타고 한단을 공격했다. 조나라가 매우 위험한 상황에 처하자 평원군 조승은 직접 초나라에 구원을 요청하려고 했다.

절대 여기서 물러서지 않겠어!

이번에 문무를 겸비한 문객 20명까지 준비했다고.

초나라가 구원병을 보내지 않으면 초왕을 협박해 같이 저승으로 가자.

공자님 분부에 따라 준비를 마쳤는데, 딱 한 사람이 부족합니다.

아, 문객 3천 명을 거느렸는데 결정적인 순간에 20명도 못 모으다니.

초나라에 가시는데 한 명이 모자랍니까?

맞소. 그런데 누구요?

저는 문객 모수입니다. 이번에 공자님을 따라가겠습니다.

내 문하에 몇 년 있었소?

3년 입니다.

선생이 3년이나 있었는데 정말 인재라면 내가 몰라봤겠소?

인재란 주머니 안의 송곳처럼 끝이 반드시 삐져나오기 마련이오!

'낭중지추'도 모르더냐?

공자님이 진즉 저를 주머니에 넣었다면 삐져나오는 것은 물론 뚫고 나왔을 것입니다!

용기가 가상하군. 적합한 사람도 없으니 데려가 보자.

좋소. 선생도 같이 갑시다.

감사 합니다.

이랴   이랏!

선생이 문객으로 있을 때 공자는 몰랐어도 우린 선생을 알고 있었소.

입심이 대단하구려. 조왕이 선생을 대장으로 임명했다면 장평 전투에서 지는 일은 없었을 텐데 말이오!

하하!

당신들이 알아주는 게 무슨 소용이오? 천하가 알아줘야지.

장평 전투 패배의 원인이 뭐라고 생각하시오?

당연히 백기가 대단했지. 조괄은 그의 상대가 아니었어.

그건 낡은 견해요!

78

조나라 참패의 근본적 원인은 종합적인 국력 탓이오.

진나라는 엄벌로 나라를 다스려 공이 있으면 작위를 내리고 죄를 지으면 가족이 연좌되니 호랑이처럼 용맹한 것이오.

그, 그런가?

그래서 백기 전의 대장인 왕흘이 명성은 높지 않았지만 염파 장군도 섣불리 공격에 나서지 못했소.

조나라가 40만 대군을 전선에 배치하여 농사지을 사람이 없다 보니 식량 공급이 제대로 되지 않은 탓도 있고.

에헴!

이런 원인들을 종합적으로 살펴볼 필요가 있소.

대단하시오.

존경스럽소, 선생.

모수가 날카로운 분석으로 사람들을 휘어잡자 초나라에 이르렀을 때는 이미 문객의 지도자가 되어 있었다.

한참이 지났는데도 공자님이 안 나오시네.

얘기가 잘 안 되는 모양이야.

선생이 한번 들어가 보시죠.

초나라 궁궐

조나라가 망하면 다음은 초나라 차례니 잘 생각해 보십시오.

같은 말을 몇 번이나 하게 하는 거야!

초나라는 진나라와 싸울 준비가 전혀 안 돼 있소.

구원병을 보낼지 안 보낼지 딱 잘라 말하시오!

저 사람은 누구요?

제 문객인 모수 선생 입니다.

문객?

과인이 네 주인과 얘기 중인데 문객 주제에 감히 어딜 끼어드느냐!

초나라가 강대하다고 이 모수를 마음대로 할 수 있다고 생각하십니까?

대왕과 저 사이는 열 발자국도 되지 않습니다!

조승, 빨리 멈추라고 하시오!

재, 왜 저래!

모수, 가만있게!

......

탕임금과 주 문왕의 땅이 백리도 안 됐는데 천하를 얻은 이유가 무엇인지 아십니까?

인의 때문 아닌가?

틀렸습니다.

그들은 백성에게만 인의로 대했고,

적국을 항복시킬 때는 무력과 용기에 의존했습니다.

초나라는 땅이 5천 리에 군사가 수백만이라 천하 제패도 가능한데,

외려 진나라에게 영도를 잃었습니다.

흠······

또 이릉이 불타 버렸고요.

선조의 무덤도 파헤쳐졌습니다.

모수, 잘 하고 있소.

······

이런 치욕을 당하고도 대왕은 아무 느낌이 없습니까!

이번 동맹은 조나라를 위한 일일 뿐 아니라 대왕께서 지난 치욕을 씻는 것이기도 합니다.

하나같이 옳은 말이로다.

그래도 저를 물리치겠습니까?

아니오, 아니오.

과인은 조나라와 동맹을 맺겠소.

여봐라!

닭과 개, 말의 피를 가져와라!

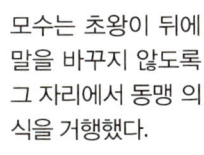

모수는 초왕이 뒤에 말을 바꾸지 않도록 그 자리에서 동맹 의식을 거행했다.

대왕께서 먼저 삽혈*을 하십시오.

삽혈에는 반드시 많은 증인이 필요합니다.

일은 어떻게 됐소?

양국이 동맹을 맺었으니 함께 증인이 됩시다!

* 삽혈歃血
굳은 약속의 표시로 개나 돼지, 말 따위의 피를 서로 나눠 마시거나 입에 바르던 일.

와, 역시 모수가 해냈어!

평범한 당신들이 내 덕에 어쨌든 공을 세웠군.

하하하!

잘난 척이 좀 심하네.

모수의 노력으로 초왕은 춘신군을 급히 조나라로 파견했다. 이 공로로 모수는 평원군의 상객이 되었고, '모수자천*'이라는 유명한 고사를 남겼다.

* 모수자천毛遂自薦
모수가 자기를 추천했다는 뜻으로, 재주를 알아주는 사람이 없어 스스로 나서는 경우를 말한다. 때로는 염치없이 자신을 내세우는 사람을 비꼴 때 쓰기도 한다.

위왕의 병부를 훔친 신릉군

진나라가 한단을 포위하자 조나라는 초와 위나라에 구원병을 요청했다. 그러나 위나라는 진나라가 두려워 국경에 대군을 주둔시킨 채 감히 출동하지 못했다. 이에 평원군이 위나라 신릉군에게 계속해서 구원병을 보내 달라고 재촉했다.

매부인 평원군이 또 편지를 보냈소.

공자의 명성이 위왕보다 높아서 편지를 죄 이리로 보냅니다.

명성이 높으면 뭐하나?

한단이 공격을 당했는데 구할 능력도 없으니 ……

조나라가 망하면 위·한나라도 위험해집니다.

한단으로 가서 조나라와 생사를 같이하겠다!

저는 공자를 끝까지 따르겠습니다!

저희도 공자를 따르겠습니다!

모두 감사하오.

신릉군은 위왕이 군대를 내줄 리 없음을 알고 문객들만 거느린 채 조나라로 출발했다.

멈춰라!
동문을 지키는
후영(侯嬴)에게 작별
인사를 해야겠다.

저 늙은이에게
무슨 할 말이
있는 거지?

낸들
알겠나!

이번에 가면
아마도 다시는
못 뵐 것
같습니다.

저는 늙어서
따를 수 없으니
몸조심하십시오.

저 후영은
몰인정하게도
공자를 따르지
않네.

공자가
자기를 어떻게
대했는데.

흠……

다다다

멈춰라, 금방 갔다 오겠다!

혹, 제가 무슨 잘못을 저질러서 기분이 안 좋으십니까?

떠나는 저에게 왜 한 마디도 없으신 건가요?

공자가 다시 올 줄 알았습니다.

사나운 진나라 군대 앞에 문객 3천을 이끌고 가는 것은 달걀로 바위 치는 격입니다.

공자는 죽을 각오를 했는데 제가 이토록 냉담하니

마음이 찜찜해서 이유를 확실히 알고 싶으신 거죠?

제게 그 이유를 알려 주십시오.

위왕이 가장 총애하는 첩이 여희입니다. 공자가 전에 그녀의 아버지를 죽인 원수를 갚도록 도와주었죠?

여희에게 대왕이 출병하도록 권해 보라는 말인가요?

위왕은 절대 출병하지 않습니다. 그러니 여희를 시켜 위왕의 병부를 훔쳐 오게 하십시오!

네에? 병부*를 훔친다고요!

예, 저… 무슨 말인지 알겠습니다.

병부를 얻은 후에 다시 저를 찾아오십시오.

* 병부兵符
군사를 신중하게 전쟁터에 출병시키기 위해 왕과 병권을 맡은 지방관이 나눠 가지던 증표이다. 병권을 위임받은 관리가 왕명 없이 스스로 군사를 움직이는 것을 미연에 방지하기 위해 병부의 반을 잘라서 한쪽은 관리에게 주고, 나머지 한쪽은 왕이 보관했다.

신릉군은 여희에게 병부를 훔쳐 달라고 부탁하고 초조하게 기다렸다.

공자님, 병부를 가져왔어요.

여희, 감사하오!

그런 말씀 마세요. 공자님을 돕게 돼서 너무 기뻐요.

대왕이 병부가 없어진 걸 알면 곤욕을 치르는 것 아니요?

대왕은 고작 화내는 게 다예요. 진나라가 위왕보다 훨씬 무서우니 조심하세요.

가 봐야겠어요. 대왕이 깨서 제가 안 보이면 의심할 거예요.

어서 가시오.

신릉군은 병부를 얻은 후 곧장 후영을 찾아갔다.

마침내 병부를 얻었습니다.

호오! 성공하셨군요.

전선의 병권을 쥔 노장 진비晉鄙가 만약 군권을 내놓지 않으면 어떡하시렵니까?

그건......

진비가 공자의 병부를 의심해 위왕에게 보고하면 모든 게 들통 나고 맙니다.

아! 그럼 어떡하죠?

저에게 천하장사인 주해라는 친구가 있습니다. 그가 공자님을 모실 것입니다.

주해는 소매에 철퇴를 숨기고 있으니 진비가 군권을 내놓지 않으면 그 자리에서 죽이십시오!

네?

왜 우세요?

진비는 위나라 명장인데 나 때문에 죽을 걸 생각하니 괴로워서요.

......

두려우십니까?

다다다

이 모든 게 결국 위나라에는 해가 되는 일이니, 내 목숨을 끊어 공자를 위해 속죄하리다!

진비의 군영

대왕께서 내게 병권을 내주셨소.

여기 병부요.

한 번 봅시다.

내가 가진 병부와 꼭 맞는군.

딱!

공자가 병부를 가지고 있지만 대왕께 확인한 후 군대를 내주겠소.

지금 나…나를 의심하시오?

당장 공자에게 10만 대군을 넘겨주는 엄청난 일인데 의심이 가지 않겠소?

감히 명을 거역하는 것이냐!

부글 부글

너…… 너는 뭐냐?

네깟 놈들이 감히… 후회하게 만들어 주마!

윽!

진비가 왕명을 거역하다 죽었다. 누가 또 불복하겠느냐?

반대하는 자가 없으니 명령을 내리겠다!

부자가 함께 군대에 있으면 아버지가 돌아가고, 형제는 형이 돌아가고, 외아들도 돌아가라.

나머지 군사는 나를 따라 한단으로 간다!

한단

한단이 곧 함락 될 텐데 위와 초나라 구원병은 코빼기도 안 보이는군.

누가 감히 진나라 철기군에 맞서겠어?

신릉군은 위나라 군대를 이끌고 진나라가 방심한 틈을 타 기습 공격을 가했다.

어디서 오는 군대지?

난들 아나?

돌격하라! 오늘이 바로 공을 세울 때다!

위나라 군대다.

저들이 공격해 올 줄은 몰랐는데.

신릉군은 진나라 군대를 물리쳤지만 위왕의 병부를 훔친 죄로 감히 위나라로 돌아가지 못했다. 이에 그는 조나라에서 10년 동안 머물렀다.

자신의 여자를 초왕에게 보낸 춘신군

진나라에 갇혀 있다가 부왕이 돌아가시기라도 하면 내가 왕위를 이을 수 있을까?

기원전 262년, 초 경양왕頃襄王의 병이 깊었을 때 태자 웅완과 황헐이 진나라에 인질로 잡혀 있었다.

황헐, 무슨 방법이 없겠소?

제가 승상 범수에게 사정 얘기를 해 보겠습니다.

대인, 안녕 하십니까?

또 태자 일 때문에 오셨구려.

태자를 돌려보내 왕위를 잇게 한다면 태자가 은혜를 잊지 않을 것입니다.

다른 사람이 왕위를 이으면 태자의 인질 가치도 떨어집니다.

음……

범수는 황헐의 말이 일리가 있다고 여겨 진왕을 찾아갔다.

웅완을 돌려보내는 게 우리에게 훨씬 더 유리합니다.

초왕의 병이 소문과 달리 위중하지 않다면 우리는 그냥 인질 하나를 잃는 것이오.

대왕의 뜻은……

먼저 사람을 보내 초 경양왕의 병세를 확인한 후 다시 논의합시다.

대체 얼마나 더 기다려야 되는 걸까?

진왕이 대왕의 병세를 확인하려고 초나라에 사람을 보냈습니다.

초왕이 돌아가시면 권력을 잡은 양문군이 자기 아들을 새로 태자에 앉힐 텐데.

안 되겠습니다. 빨리 귀국길에 오르십시오. 지체할 시간이 없습니다.

하지만 지금 당장 어떻게……

변장을 해서 먼저 귀국하십시오. 저는 여기 남아 시간을 벌겠습니다.

그러다 그대만 험한 꼴을 당할 텐데......

그런 걱정 마시고 얼른 가세요!

이렇게 유약해서야!

내가 초왕에 오르면 반드시 후하게 보답하리다.

아...... 예예.

다다다

태자가 병에 걸렸다던데 좀 어떠시오?

병이 깊으면 당연히 어의를 불러 드려야죠.

전염병에 걸려서 지금 승상을 만날 수 없습니다.

그러실 필요 없습니다. 며칠 몸조리 하면 좋아지실 겁니다.

선생, 지금 무슨 수작이요?

낯짝도 두꺼워라!

진왕께서 태자를 주시하고 있으니 오늘 꼭 만나야겠소!

저를 진왕에게 데려다 주시면 사정을 전부 설명하겠습니다.

범수는 황헐을 데리고 진왕을 찾아갔다.

황헐, 태자는 어디에 두고 혼자 온 거요?

빨랑 말해!

103

태자는 사흘 전에 이미 진나라를 떠나 지금쯤 초나라에 도착했을 겁니다.

뭐?

황헐을 위해 변명하려는 거요?

황헐은 충신이니 태자를 위해 일하는 건 당연합니다.

감히 날 속이다니, 살려 두지 않겠다!

대왕, 진정 하십시오.

태자가 초왕에 오르면 황헐을 중용할 테니 그를 돌려보내 진나라에 보답하도록 하는 게 낫지 않겠습니까?

그 말도 일리가 있군.

과인이 그대를 돌려보내면 은혜에 보답하겠는가?

신은 초왕에게 충성할 뿐이지만 대왕의 은혜를 절대 잊지 않겠습니다.

진짜 남자로다. 가거라.

감사합니다.

황헐이 초나라로 돌아온 지 3개월 후 태자는 초 고열왕에 올랐다. 고열왕은 황헐을 재상에 임명하고 춘신군에 봉했다. 황헐은 20여 년간 초나라 정무를 주관하며 문객 수천 명을 거느렸다.

이원, 왜 이리 늦었느냐?

제왕이 사신을 보내 제 여동생과 혼약하기로 해 술을 한 잔 하느라 늦었습니다.

105

제왕이 맘에 들어 할 정도면 여간한 미인이 아닐 텐데.

여동생을 볼 수 있겠나?

물론 입니다.

이원은 여동생을 잘 단장시켜 춘신군에게 데려 갔다.

제 여동생인 이환입니다.

으잉?! 천하절색 이로구나!

맘에 드시면 대인을 모시도록 하겠습니다.

106

묘령의 여인을 어찌 나 같은 늙은이가……

설마 거부하시는 건가요?

좋다. 내키지는 않지만 네 정성을 봐서 받아들이겠다.

그냥 좋다고 솔직히 말해라.

제가 대인의 아이를 가졌어요.

정말이드냐?!

우리 관계를 아무도 모르니 저를 초왕에게 바치세요.

흥! 벌써 마음이 바뀐 거냐?

대인!!!

오해하지 마세요.

놔~라! 요망한 것. 네가 어찌 나에게… 흑흑흑

초왕은 아들이 없고 몸도 약해 세상을 떠나면 그의 형제가 왕위를 이을 거예요.

오호!

그때가 되면 대왕의 형제들에게 밉보인 대인은 신세가 비참해지지 않을까요?

대인이 저를 초왕에게 바쳐서 아들을 낳으면 바로 태자가 됩니다.

대인의 혈육이 왕위를 이으면 해를 입을까 걱정 하지 않아도 되잖아요.

정말 똑똑 하구나. 왜 난 그 생각을 못 했지?

황헐이 이환을 고열왕에게 바친 후 아들을 낳아 태자로 봉했다. 이원은 태자가 초왕의 친아들이 아니라는 사실이 알려질까 두려워 몰래 황헐을 제거할 음모를 꾸몄다.

대인, 초왕이 돌아가셨어요!

호위병을 붙일까요?

아니다. 대왕이 돌아가셨는데 무기를 들고 궁으로 들어가는 건 불경죄다.

알고 있다.

춘신군은 아무런 대비도 하지 않은 채 궁으로 들어갔다.

저벅 저벅

내 아들이 마침내 왕에 오르는구나.

어서 와라!

덜컹!

109

뭐하는 짓들이냐?

이제 가실 때가 됐습니다. 크크크

이원!

내 입을 막으려고?

이노옴—

초왕은 사실 내 ……

죽여라!

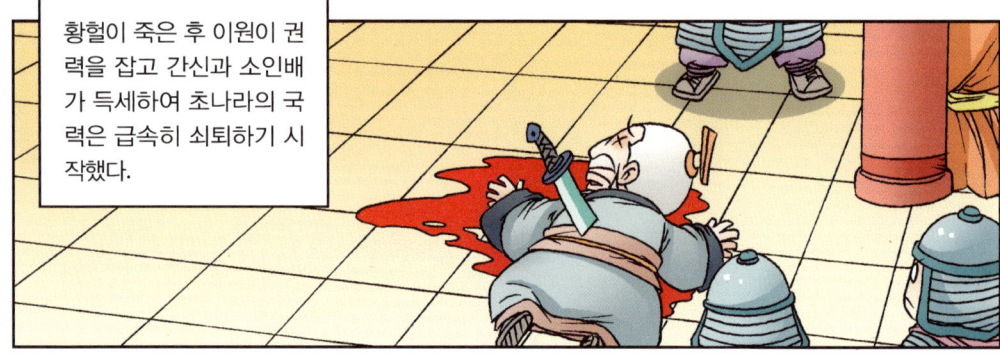

황헐이 죽은 후 이원이 권력을 잡고 간신과 소인배가 득세하여 초나라의 국력은 급속히 쇠퇴하기 시작했다.

염파, 노익장을 과시하다

조 효성왕은 염파가 장평 전투에서 비겁하게 싸움을 피했다고 여겨 그를 파면했다. 염파가 권세를 잃자 문객들도 하나둘씩 그의 곁을 떠났다.

나라가 위기에 처하면 조왕은 다시 나를 기용할 거야. 나 염파는 아직 늙지 않았어!

대왕의 명이다. 염파는 대장이 되어 연나라로 출정하라.

명에 따르겠습니다!

내가 관직을 잃었을 때 떠났던 자들이 뭣 하러 다시 나타났느냐?

네 녀석들은?

염 장군의 복직을 축하드립니다.

사람은 이익에 따라 움직입니다. 대인이 권력이 있을 때 찾아오고 권력이 없으면 떠나는 건 인지상정입니다.

옳소.

그렇다면 나도 이제 너희를 친구가 아니라 이용 가치가 있는 도구로 여기겠다.

한단

염파 장군과 악승 장군은 연나라 군대를 꼭 쫓아내 주시오.

선왕 때는 연나라가 매년 조공을 바쳤는데 이제는 연나라마저 우릴 무시하는군요!

소인의 참소만 듣고 염 장군을 해임했다가 장평에서 참패한 일은 다 과인의 잘못이오.

대왕께서 이제라도 정치에 힘쓰신다면 조나라는 부흥할 수 있습니다.

과인이 많이 반성하고 있소.

그럼 이만 출정하겠습니다.

몸조심 하시오.

113

악승, 작전을 말해 보게.

으음~

연나라는 수십 년간 큰 전쟁을 치른 적 없고, 대장인 율복은 연왕에게 아부나 떠는 소인입죠.

율복은 조나라 정예병이 장평에서 모두 전사했다고 여겨 우릴 경시할 겁니다.

그럼 우린 적의 이런 심리를 역이용해 기습 공격에 나서세.

적이 영채를 차리기 전에 이렇게……

저쩌고 어쩌고

염파는 기습공격을 감행해 연나라 군대를 대파하고 율복을 죽였다. 내친 김에 연나라 도성까지 쳐들어가자 연나라 왕은 성 다섯 채를 바쳤다.

두 장군이 조나라를 살렸구려. 자, 건배합시다!

건배!

나 잡아 봐라~

화장실은 대체 어디 있는 거야?

응? 무슨 소리지?

까르르~

여…염파
장군……

태자,
뭐하십니까?

궁녀들은 먼저
들어가라!

태자라면 마땅히
치국의 도를 공부
해야 하는데 매일
이리 놀기만 해서
되겠습니까?!!

예… 아…
알겠습니다.

너
누구냐?

소인은
태자의 시종인
곽개입니다.

이후 태자가
잘못할 때마다
너를 매질
하겠다.

소인,
명심하겠
습니다.

흥!

염파,
이 치욕은 반드시
갚아 주마.

기원전 245년, 조 효성왕이 죽
고 태자가 조 도양왕悼襄王으로
즉위했다. 곽개는 이 기회에 도
양왕에게 참소하여 염파의 군
권을 박탈했다.

왕명이다.
염파는 군권을
내놓고 악승이
이를 대신한다.

꼴~
좋다!

뭐?

117

대군이 전쟁 중이고 악승은 부장인데, 그에게 어찌 중임을 맡긴단 말이냐?

악승은 염파의 보복이 두려워 꽁무니를 빼고 달아났다.

악승을 불러라! 그가 나를 이기면 군권을 넘겨주겠다!

예? 예!

악승이 본국으로 도망쳤습니다.

흥! 그럴 줄 알았다.

하지만 대왕의 명을 어겼으니 어쩔 겁니까?

군대를 이끌고 돌아가라. 나는 위나라에 투항하겠다.

만약 내가 필요하다면 조왕이 언젠가는 나를 부르겠지.

나는 누가 뭐래도 조나라 사람이다!

번번이 진나라에 모욕이나 당하는 팔자라니. 염파 장군이 있었더라면……

뭐? 염파라고?

염파 장군이 아직도 건재한지 살펴보고 오너라.

예!

이때 염파의 원수인 곽개가 사자를 불러 세웠다.

돌아와서 염파의 험담을 늘어놓으면 큰 상을 내리겠다.

명심 하겠습니다!

이를 어찌하지…

119

위나라 대량

대왕께서 장군의 안부를 물으셨습니다.

대왕께서?

어서 앉으시오.

점심!

헉!

우걱 우걱

노장군의 식사량이 엄청나군요.

따라오시오.

무술 실력도 여전하시구나!

이얍!

염 장군이 아직도 건재하다고 즉시 가서 아뢰겠습니다.

짱!

사자가 염파를 만나고 돌아와 조왕에게 사실을 보고하려는데……

염 장군은 어떠하냐?

어서 내가 시킨 대로 고하거라!

흥!

장군님, 저를 용서하세요.

염 장군의 식사량은 괜찮지만 잠깐 앉아 있는 동안 화장실을 세 번이나 갔습니다.

히휴, 염 장군도 확실히 늙었구나.

조왕은 염파가 늙고 쇠약해졌다고 여겨 결국 부르지 않았다. 위나라에서도 중용되지 못한 염파는 초나라로 갔다.

초왕이 염파에게 군사 훈련을 맡겼지만 염파는 끝내 조나라에 대한 미련을 버리지 못하다가 초나라에서 생을 마감했다.

전국 下

전국

下

戰國

여불위 呂不韋

전국시대 말기의 유명한 상인이자 정치가. 조나라에 인질로 있던 자초에게 자신의 모든 걸 투자해 훗날 진秦나라의 승상까지 올랐다.

이목 李牧

전국시대 조나라의 걸출한 군사 전략가이자 장수로 백기, 왕전, 염파와 더불어 '전국 4대 명장'이라는 칭호를 얻었다. 관직은 재상에 이르고, 무안군武安君에 봉해졌다. 전공이 혁혁하여 평생 전쟁에서 한 번도 패하지 않았다.

조희 趙姬

본래는 여불위의 애첩이었다가 자초에게 시집가 진시황을 낳았다.

자초 子楚

진秦 장양왕莊襄王. 본명은 이인異人으로 안국군安國君과 하희夏姬 사이에서 태어났으며 후에 초나라에서 온 화양부인華陽夫人의 양자로 들어갔다. 바로 진시황의 아버지다.

형가 荊軻

전국시대의 유명한 자객. 연나라 태자 단의 부탁으로 진시황을 암살하려다 실패해 피살되었다.

감라 甘羅

전국시대 초나라 사람. 유명한 대신인 감무甘茂의 손자이다. 어려서부터 머리가 뛰어나 소년 정치가로 이름을 날렸다.

이사李斯

진나라의 유명한 정치가이자
문학가, 서예가로 진시황을 도와
천하통일을 이룩했다.
후에 승상 자리에 올랐지만
진시황 사후 조고趙高의 모함을
받아 요참형에 처해졌다.

이빙李氷

전국시대의
수리 전문가로
세계적으로 유명한
도강언都江堰 수리
공사를 주재했다.

영정嬴政

진시황秦始皇.
진 장양왕의 아들로
걸출한 정치가이다.
최초로 중국을 통일한
황제이자 진나라의
개국 황제이다.

한비자韓非子

한韓나라의 공자로
중국의 유명한 철학가이자
사상가, 정치가이다.
중국 고대의 법가法家
사상을 대표하는
인물이다.

희단姬丹

전국시대 말기 연나라
태자. 형가를 진나라로
보내 진시황 암살을
시도했다가 실패했다.
이듬해 진나라가 연나라를
공격하자 요동으로 달아
났으나 연왕 희喜가 그의
목을 베 진나라에 바쳤다.

이목이 흉노를 대파하다

전국시대에 북방 유목민족 흉노가 자주 남
침해 오자 진秦과 조, 연은 장성을 축조해
흉노의 침입을 막았다. 이때 조나라의 명장
이목이 조나라 장성인 안문관雁門關 일대에
주둔하고 있었다.

이목 장군님을
따라왔더니 매일
술에 고기라니.
정말 좋습니다!

다들 전쟁 치르느라
고생인데 이 정도는
즐겨야지!

장군님, 저기
봉화가 피어
올랐습니다!

흉노가 침입
한 게 틀림없다.
빨리 성문을 열어
목축민을 대피
시켜라!

각자 무기를
들고 제 자리로 가
임전 태세를
갖추어라!

목축민과
가축이 모두
성 안으로 돌아
왔습니다.

수고했다.

130

이목은 봉화를 피워 흉노가 침입하면 재빨리 백성들을 대피시키고 흉노와 싸우려 하지 않았다.

겁쟁이 한족들아! 배짱 있으면 당장 나와 싸우자!

이 겁쟁이 들아!

흉노 군대가 먼 길을 달려오느라 피곤할 테니 지금 출격 하면 승리를 거둘 수 있습니다!

내 명이 없이는 함부로 출전하지 마라. 설사 승리 한다 해도 목을 벨 것이다!

쳇, 승리가 코앞인데.

다들 불만이 쌓였구나.

흉노가 싸움을 재촉하다 제풀에 지쳐 철수했어.

이 장군은 너무 겁이 많아. 우리 군인 얼굴에 먹칠을 해도 유분수지!

맞아! 흉노마저도 우릴 깔보는 통에 부아가 나 미치겠다고!

이목이 계속 싸움을 피하자 군사들의 불만이 마침내 폭발했다.

이 장군이 계속 전쟁을 피하면 우린 공을 세울 수 없는 데다가

춥고 황량한 장성을 떠날 수도 없다고.

차라리 이 상황을 대왕에게 보고 하는 게 낫겠어!

그렇게 하자!

대왕의 명이오. 흉노가 다시 침범하면 이 장군은 즉시 출전해 그들을 격퇴하시오.

명 받들겠습니다!

오예! 우리 상소가 먹혔어!

장수들의 상소를 들은 조왕은 사신을 보내 이목에게 싸움을 재촉했다.

흉노가 왔다!

딩딩딩

이 장군, 공을 세울 기회입니다.

그래 지금이야!

음······

장수들에게 명한다! 전처럼 성문을 굳게 잠그고 궁수들을 성벽에 배치시켜라!

하지만 대왕께서 출전을 명하시지 않았습니까?

이보시오!

이목, 왕명을 거역하는 것이오?

장수가 밖에 있으면 군명을 받지 않는 법입니다.

이곳 대장은 나다. 다시 한 번 명하지만 성문을 굳게 지켜라!

네?!

흉노는 다시 아무 소득 없이 되돌아갔다.

내가 여기 올 때 대왕의 명을 하나 더 받았소이다.

이목이 왕명을 거역하고 싸우지 않으면 파직 처리하라!

명에 따르겠습니다.

요건 몰랐지롱~ 크크

이후 흉노가 여러 차례 국경을 침범하자 이목의 후임 장수들이 나가 싸웠지만 번번이 패했다. 많은 병사들이 죽거나 중상을 입었고 백성들은 안심하고 생업에 종사 할 수 없었다. 조 효성왕은 하는 수 없이 이목을 다시 기용했다.

과인이 친히 그대를 불러 체면을 세워줬는데 명을 거역하겠다는 말이오?

뭐, 이런 경우가……

신의 건강이 좋지 않아 중임을 맡기 어렵습니다.

대왕께서 꼭 저를 기용하시겠다면 간섭하지 않겠다고 약조해 주십시오.

네 멋대로 해라!

알았으니 얼른 가 보시오!

몸이 좋지 않으면 안문관에 가서 요양 하시오. 흉노 일은 전적으로 그대에게 일임하겠소!

이 장군님,
환영합니다!

흉노가
강적인 줄 모르고
저희가 너무 경솔
했습니다.

이후에는
장군의 명을 절대
거역하지
않겠습니다.

다 지난 일이니
신경 쓰지 말고
한단에서 끌고 온
소나 잡자고!

둥둥둥

둥둥둥

흉노가
또 쳐들어
왔다!

전의 배치를
잊지 않았
겠지?

옙!
장군!

좋다.
전처럼 진영을
갖추고 절대 나가
싸우지 마라!

알겠습
니다!

제길, 장수가 다시 꿈쩍도 않는 이목으로 바뀌었어.

에잇, 그동안 재미가 좋았는데!

철수하라!

우리가 여러 해 동안 약한 모습을 보여 흉노는 더 이상 우릴 경계하지 않게 됐다. 지금이 바로 적을 물리칠 기회다!

그렇다면 지금까지?

아하! 일부러 적을 현혹한 것이었군요.

장군을 겁쟁이로 여긴 제가 부끄럽습니다.

장군, 명령만 내리십시오!

137

죽여라~

무…무슨 소리지?

조군에게 사방이 포위 됐습니다!

계략에 빠졌다. 빨리 철수하라!

전차로 흉노의 퇴로를 막아라!

샤샤샥─

적을 완전 포위 했습니다!

화살을 쏴라!

지금이닷!

이번 전쟁에서 이목은 10만 흉노 병사를 죽이는 대승을 거두었으며, 선우는 겨우 측근 몇 명만 데리고 황급히 달아났다. 이후 10년 동안 흉노는 감히 조나라를 침범하지 못했다.

140

자초에게 인생을 건 여불위

진 소왕이 연로하자 태자인 안국군安國君이 제위를 계승했다. 안국군에게는 아들 20여 명이 있었는데, 그중 자초가 조나라에 인질로 잡혀 있었다. 양국이 자주 전쟁을 치르는 통에 조나라는 자초를 매우 홀대했다.

여불위

자초 공자, 음식은 많이 있으니 천천히 드십시오.

알겠…쩝 소…쩝

자초

쳇!

여 선생, 조나라에서 유일하게 당신이 날 챙겨 주는 구려.

조형, 자초 공자는 제 빈객이니 양해 바랍니다.

진나라는 항복한 우리 병사 40만을 생매장한 불구대천의 원수요.

그나마 여불위의 얼굴을 봐서 공자와 식사하고 있는 줄 아쇼.

내가 그랬나 뭐……

흥!

공자님, 시간이 늦었으니 제가 바래다 드리죠.

오늘은 실컷 취하고 싶으니 그냥 내버려 두세요.

진나라는 나를 버렸고 조나라는 날 원수로 생각해. 어딜 가도 환영받지 못하는 인생, 콱 죽어 버리는 게 낫겠어!

끄응 ……

공자님이 권세를 잡을 방법을 제가 알고 있습니다.

하하, 선생이나 먼저 성공하고서 말하시오.

모르셨습니까? 공자님이 권세를 잡아야 제가 덕을 볼 것 아닙니까?

제가 어찌 해야 하는지 선생이 가르쳐 주시오!

내가 권세를?!

그럼 별채로 가서 말씀 나누시죠.

진왕 사후에 공자의 부친 안국군이 제위를 이은 건

공자에게 기회입니다.

답답한 소리 하시네.

아버지에겐 아들이 스물이 넘어서 제게 차례가 오지 않아요.

안국군은 아직 후계자를 정하지 못했습니다. 그가 화양부인을 가장 총애한다던데 화양부인에게는 아들이 없습니다.

공자께서 화양부인과 연줄만 닿는다면……

오호! 무슨 말인지 알겠소!

144

너~무 아름답다!

소첩, 대령했습니다.

호호!

오래된 진귀한 술입니다. 드시지요.

아, 맛좋다!

아, 아……

이 여인은 누구요?

저희 집 무희입니다.

자초 공자가 저에게 한시도 눈을 떼지 않던데요.

예쁜 건 알아가지고. 훗!

실의에 빠진 공자에게 무슨 미인이 눈에 들어 오겠느냐?

뒤에서 두 분의 말씀을 다 들었는데, 공자를 돕는 게 정말 수지맞는 일인가요?

그럴 만한 사람으로 안 보여서요.

위험성이 큰 건 사실이지만 어쨌든 그도 잠재적인 진왕 후계자다.

이런 기회는 평생 한 번 올까 말까 하다. 이를 두고 '기화 가거*'라 하지.

* 기화가거奇貨可居
진귀한 물건은 사둘 만한 가치가 있다는 뜻으로, 진기한 물건이나 사람은 당장 쓸 곳이 없어도 훗날을 위해 잘 간직하는 것이 좋다는 말이다.

여불위는 자초에게 많은 금은을 내주고 그가 빈객들과 교류하도록 지원했다. 또한 직접 진나라에서 활동하며 거금을 들여 화양부인의 언니를 매수했다.

언니, 어쩐 일이세요?

오랜만에 동생 얼굴이나 보러 왔지.

화양부인

지난번에 보내준 호백구*는 맘에 쏘옥 들었어요.

그…그래, 달랑 호백구만 맘에 들었다고?!

아니오. 언니가 보내준 선물은 다 좋았어요.

그것들은 진나라에서는 보기 드문 물건인데 어떻게 구했어요?

실은 자초 공자가 네게 선물하라고 부탁한 거야.

자초가요?

* 호백구狐白裘
여우 겨드랑이의 흰 털가죽 여러 장을 이어 만든 짐승 가죽 옷.

자초가 어렸을 때 한동안 데리고 있었는데, 그 아이가 옛정을 잊지 않다니.

감동인걸!

조나라에 있으면서도 늘 널 걱정하더구나.

자초가 매우 현명하고 천하의 빈객들과 널리 교류한다는 얘길 최근에 저도 자주 들었어요.

안국군이 지금은 널 총애한다지만 아들이 없으면 안국군 사후에 어떡할 건데?

그건……

안국군에게 자초를 후계자로 삼으라고 얘기 해 봐.

자초의 효성이 지극하니 틀림없이 널 태후로 떠받들 거야.

미리 손을 써야 부귀를 누릴 수 있다고.

알겠어요, 언니. 그렇게 할게요.

조나라 한단

축하드립니다. 안국군이 공자님을 후계자로 세우기로 했답니다.

그게 정녕 사실이오?

모두 여 선생 덕분입니다. 이 은혜 평생 잊지 않겠습니다.

공자님을 위해 준비한 축하 선물입니다.

선물은 이미 충분히 받았으니 사람 한 명을 주실 수 있는지요?

사람이요?

선생 댁의 조희를 저에게 주십시오!

네?

아까워서 그러십니까?

그게……

……

공자님이 원하신다면 기꺼이 드리지요.

오, 예스!

싫어요. 당신 곁을 떠나고 싶지 않단 말이에요!

자초의 요구라 나도 어쩔 수가 없단다.

사실 저 대인의 아기를 임신했어요.

아기 라고?

자초는 절대 임신한 여자를 원하지 않을 거예요.

아니, 아니. 이건 하늘이 준 기회다!

무, 무슨……

자초는 네 임신 사실을 모르니 후에 네가 왕후가 돼 아이를 낳으면 바로 태자가 아니냐?

우리 아이가 진왕이 된다는데 기쁘지 않느냐?

하지만!

상인의 부인으로 사는 것과 진나라의 왕후, 태후가 되는 것 중

어느 것이 좋은지 알지 않느냐?

예, 알겠어요. 하지만 제 맘은 영원히 당신 거예요.

조희가 안 오는 건 아니겠지?

오래 기다리셨습니다. 조희가 공자님을 따라 간답니다.

정말이오?

신첩은 이제 공자님만 믿을게요.

걱정 마라. 내 반드시 널 왕후로 삼겠다!

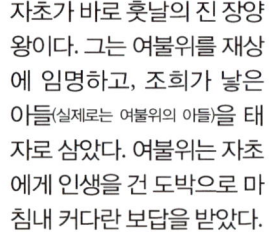

자초가 바로 훗날의 진 장양왕이다. 그는 여불위를 재상에 임명하고, 조희가 낳은 아들(실제로는 여불위의 아들)을 태자로 삼았다. 여불위는 자초에게 인생을 건 도박으로 마침내 커다란 보답을 받았다.

12세 천재 외교가 감라

감라는 진나라 명장 감무의 손자로 그의 나이 겨우 열두 살 때 재상 여불위의 문하에 들어가 일했다.

감라야, 재상께서 찾으시니 그만 구경하고 가자.

저 마차 안에 탄 사람이 누군지 아세요?

당연히 알지. 연나라 태자 단이 인질로 왔단다.

헤헤, 재상께서 이 일 때문에 절 찾으시는 게 확실해요.

그거야 가 봐야 알지.

꼬마 주제에 뭘 다 안다고…

여불위의 저택

대인, 절 찾으셨습니까?

왔느냐?

나랑 장당張唐을 만나러 가자.

영리한 녀석! 좀체 널 속일 수가 없구나.

장당을 연나라 사신으로 보낼 계획이시지요?

맞다. 이참에 연나라와 연합해 조나라를 협공할 생각이다.

연나라 태자 단이 인질로 와서 양국이 친교를 맺었으니 중간에 낀 조나라가 위험해졌습니다.

154

재상, 제가 나라를 위해 충성을 다하고 싶지만 이번만은 어렵겠습니다.

일전에 조나라와 전쟁을 벌인 일로 조왕이 절 증오해 제 목에 땅 1백 리를 현상금으로 걸었다고요!

무서워. 힝~

제길!

조심히 가십시오.

연나라에 가려면 반드시 조나라 땅을 지나야 하는데, 목숨을 부지하지 못할까 두렵습니다!

이……

화내지 마세요.
제가 가서 장당을
설득해 볼게요.

내가 직접
청해도 듣지
않는데 네가
무슨 재주로?

항탁은 일곱 살에
공자의 스승이 되었
습니다. 저는 지금
열두 살입니다.

저를 한번
시험해 보시는
것이 어떻겠
습니까?

정말
간다고?

좋은 소식을
들고 올 테니
기다리세요!

알겠다.
가 보거라.

저런
꾀쟁이를
봤나!

얘야,
무슨 일이냐?

제가
장군을 구하러
왔습니다.

이런
꼬맹이가?

날
구한다고?

장군과 무안군
백기 중 누구 공이
더 큽니까?

내가 어찌
무안군과 비교
할 수 있느냐?

무안군은
천하무적이어서
점령한 성을
셀 수가 없단다.

그렇군요.

그럼 응후
범수와 지금의
여 재상 중 누구 권력이
더 셉니까?

그야 응후가
여 재상만
못하지.

날 구하러
왔다면서
이상한 질문만
하는구나.

그럼 장군은 위험에 빠지셨네요.

그게 무슨 소리냐?

전에 응후가 조나라를 공격하려 했는데 무안군이 반대하자 응후가 무안군을 죽음으로 몰아 넣었습니다.

지금 여 재상의 권력은 응후보다 크고, 장군의 공은 무안군에 미치지 못하니

재상이 마음만 먹으면 장군을 없애는 것쯤 식은 죽 먹기 아닐까요?

무슨 말인지 알겠다. 내 당장 연나라로 가마.

그리고 조왕이 장군을 죽이지 못하도록 할 테니 걱정 마세요.

고, 고맙구나!

여불위의 저택

장당이 연나라에 사신으로 가기로 약속했습니다.

이 대단한 녀석!

내 널 너무 얕봤구나!

속닥속닥 ……

그래, 그래

저에게 더 좋은 생각이 있어요.

엉?

한단

진나라 사신이 저런 애송이라고?

우릴 무시해도 유분수지.

신 감라, 조왕께 인사 올립니다.

아오, 열 받아!

연나라 태자 단이 진나라에 인질로 온 사실을 아십니까?

들었지.

그럼 정말 큰일입니다!

뭐가 말이냐?!

생각해 보십시오. 진나라가 조나라 서쪽에서, 연나라가 동쪽에서 협공을 가한다면……

어후, 생각만 해도 끔찍하네요.

그럼 조나라가 어찌해야 하는지 선생이 가르쳐 주시오.

배가 고픈데 대왕께서는 절 여기 계속 세워 두실 겁니까?

당연히 아니지요.

진나라 사신을 궁으로 모셔라!

161

조나라 음식은 모두 별미로군요.

이제 과인에게 방법을 가르쳐 주시죠.

작작 먹어라. 굶고 왔냐?

너희들은 물러가 있어라!

162

사실 진나라도 연나라를 그다지 좋아하지 않습니다.

대왕께서 진나라에 성 다섯 개를 넘겨주신 다음 연나라를 공격해 손실을 보상한다면 진나라는 절대 간여하지 않겠습니다.

조나라가 연나라보다 강하니 대왕께서 얻는 땅이 고작 성 다섯 개에 그치겠습니까?

선생의 가르침에 정말 감사드리오.

제 소임을 다했을 뿐입니다.

함양성

군사를 하나도 쓰지 않고 성 다섯 개를 얻다니. 감라 넌 천재가 틀림없다!

그걸 이제야 아셨어요?

조나라는 감라의 계략에 따라 연나라를 공격해 성 30개를 점령하고 11개를 진나라에 떼어 주었다. 큰 공을 세운 감라는 상경에 봉해졌는데, 그해 그의 나이 겨우 열두 살이었다.

이사가 간축객서를 올리다

전국시대 말기에 이사는 유학의 대가인 순자*에게 제왕을 보좌하는 치국의 도를 공부했다.

그동안 스승님의 가르침에 감사드립니다.

이사야, 하산하면 어디로 가려 하느냐?

진나라로 갈 생각입니다.

전국칠웅이 병립한 지 수백 년이 지났는데, 오직 진나라만이 이 난국을 타개할 수 있습니다.

진왕을 보좌해 천하를 통일한 후 스승님의 학설을 널리 전파하겠습니다.

---

* 순자荀子
　전국시대 말기의 사상가로, 맹자의 성선설性善說에 반대해 성악설性惡說을 주장했다.

스…스승님!
사…사형!

사제, 방금
스승님을 부른
것이냐 아니면 나를
부른 것이냐?

한비야,
네 사형이 곧
떠나는데 왜 이리
늦었느냐?

밤새
사…사형에게
줄 채…책을
베끼느라.

이건 제가
쓰…쓴 「세난」
입니다. 사…사형께
드릴게요.

미안하지만
말더듬이
자네와 농담할
시간 없네.

스승님,
사제, 몸조심
하시길!

사…사형
건강하세요!

166

진나라의 실권을 여불위가 쥐고 있다던데 그를 찾아가 몸을 의탁해야겠다.

이사가 진나라에 이르렀을 때 마침 장양왕이 죽고 어린 영정이 왕에 올라 여불위가 정권을 장악했다.

재상께 초나라의 이사가 뵙기를 청한다고 전해 주시오.

또 문객이 왔구만.

재상께선 문객이 아주 많소. 당신은 어떤 재주가 있으시오?

저는 순자의 제자입니다.

순자!

167

기다리 시오. 내 곧 전하리다.

와, 스승님의 명성이 진나라까지 퍼진 줄은 몰랐네.

스승님! Thank you~ ♥

오!

이러쿵 저러쿵……

훌륭한 의견이오! 이 선생은 과연 순자의 수제자라 부를 만합니다.

과찬 이십니다.

선생을 진왕 영정께 소개해 드리겠소.

진나라는 대왕의 선조인 목공 때 천하의 패주였지만 끝내 천하를 취하지는 않았지요.

하지만 지금 상황은 다릅니다. 주나라는 회복 불능 상태가 되었고 육국의 힘도 많이 약해졌습니다.

과인도 그 이유가 궁금했는데 선생의 의견을 듣고 싶소이다.

이유는 바로!

당시 주나라의 국력은 미약했지만 영향력이 남아 있어서 많은 이들이 주나라를 동경했기 때문입죠.

대왕께서 천하를 취할 이 좋은 기회를 놓쳤다가 육국이 연합한다면 통일은 물거품이 되고 말 것입니다.

옳은 말씀이오!

과인이 선생을 장사에 임명하겠소. 여불위가 훌륭한 인재를 추천했구려.

여 재상은 오로지 진나라와 대왕만을 생각하고 있습니다.

됐소!

여불위의 권력이 과인보다 큰 것이겠지. 그래서 선생도 여불위를 먼저 찾아간 것 아니오?

그, 그건 ……

휘이익

얼마 후 진나라 궁정에서 모반 사건이 발생해 여불위가 이에 연루되었다. 진왕은 이 기회에 여불위의 관직을 박탈하고 봉지로 유배를 보냈다. 연줄이 끊어진 이사는 점점 찬밥 신세가 되고 말았다.

정국鄭國, 과인이 널 그토록 믿고 수로 건설을 맡겼는데 세상에 네가 한나라 간첩이었다니!

믿을 놈 하나 없다더니…

용서해 주십시오. 신은 다만 명령에 따랐을 뿐입니다.

젠장, 잘 해 왔는데 발각되다니!

네가 끊임없이 수로를 건설하라고 권한 것이 결국 우리 국력을 약화시키려는 목적 아니었느냐!

음험한 한나라 놈들이 감히 이런 흉계를 꾸미다니!

외국인은 태반이 간첩이라 절대 믿을 수 없어!

171

아직도 할 말이 더 남았느냐?

신은 처음부터 간첩 임무를 띠고 진나라로 왔습니다.

하지만 수로 건설은 진나라에 확실히 득이 됩니다.

수로가 완공 되면 논밭에 물을 대기 쉬워 진나라는 대대손손 그 이점을 누릴 수 있습니다.

제 입으로 순순히 자백하는구나!

??

간첩질은 사형죄에 해당하니 저놈을 죽이십시오!

조용~

고요~

들고 보니 맞는 말이군. 음, 그럼 계속 수로 건설에 매진해라.

정국의 정상을 참작한다 해도 외국인은 쉽게 믿기 어렵습니다.

그럼 어찌하면 좋겠소?

물으나 마나지!

외국인을 모두 쫓아 내십시오!

여불위가 많은 외국인을 받아들였지만 진나라에 이로운 점은 하나도 없었습니다.

그리해라!

신은 비록 제나라 사람이지만 줄곧 충성을 다했습니다!

신은 결코 간첩이 아닙니다!

진나라를 떠날 때가 왔구나.

이사가 떠나면서 대왕께 꼭 전해 달라고 한 상소입니다.

이사가?

「간축객서諫逐客書」라
······

전에 진 목공은 백리해를 기용해 20개국을 병탄하고 서쪽 지역에서 패자를 칭했고, 효공은 상앙을 등용해 변법을 펼친 후 부국강병을 이루었습니다.

174

이 네 사람 모두 진나라 사람이 아니지만 진나라를 위해 불후의 공을 세웠습니다.

외국인이 어디 진나라에 해를 끼쳤나요?

아니, 아니! 흑흑

혜왕은 장의를 기용해 파촉과 한중 등지를 빼앗고, 양왕은 범수를 등용해 제왕의 기반을 닦았습니다.

지금쯤 전해졌겠지?

또 대왕이 좋아하시는 진주, 보옥, 미녀 등이 진나라에서 나지 않는데, 이것들은 어찌 얻으시렵니까?

부를 때가 됐는데……

대왕이 이처럼 인재를 짓밟으시면 그들은 적국을 도와 진나라를 멸할 것입니다!

여봐라! 축객령*을 폐지하고 인재들을 당장 과인 앞에 데려와라!

어서!

* 축객령逐客令
외국의 빈객을 모두 쫓아내라는 명령.

175

과인의 잘못으로 하마터면 선생을 잃을 뻔했소.

아닙니다. 다만……

이사 한 명을 잃는 건 괜찮지만 천 명, 만 명의 이사를 잃으면 진나라가 위험해집니다.

맞는 말씀입니다.

진왕이 이사의 간언으로 축객령을 폐지하자 각국의 인재가 진나라로 몰려들었다. 이로써 진나라의 국력은 훨씬 더 막강해졌다.

도강언으로 강의 범람을 막은 이빙 부자

기원전 277년쯤 진 소왕 때 이빙은 촉군 태수로 임명돼 아들 이이랑을 데리고 부임지로 향했다.

아버지, 촉군이 홍수로 우릴 반기는데요.

이랑아, 미끄러우니 조심해라. 넘어지면 뼈도 못 추린다.

산꼭대기에 사람들이 몰려 있어요!

한번 가보자꾸나.

대인, 홍수가 났는데 왜 아무 조치도 취하지 않습니까?

휴……

당신은 이곳 사람이 아니군요. 민강이 해마다 범람하는데 방법이 있었으면 벌써 다스렸죠.

어떤 점 때문에 치수가 어려운지 물어 봐도 될까요?

당신은 누군데 그런 걸 물으시오?

안 그래도 피해가 커서 화가 나 죽겠구만.

나는 진왕이 새로 임명한 촉군 태수 이빙이다!

이 태수께서 오신 줄 모르고 무례를 범했습니다.

몰랐으니 됐소.

178

아직 내가 원하는 대답을 듣지 못했소만······

민강 상류의 산이 높고 골짜기가 깊어서 물살이 아주 셉니다.

그 물이 관현 부근의 평원 지대로 접어들면서 갑자기 불어나 논밭과 가옥이 물에 잠기는 것이죠.

이 일대가 농지다 보니 물을 흘려보낼 방법이 없습니다.

쉭~

쉭~

홍수가 지나갔으니 올해도 그럭저럭 버티겠어.

손해가 얼마나 났을까? 귤나무는 그대로 있었으면 좋겠는데.

홍수 피해를 막을 방법을 꼭 찾고야 말겠어!

179

며칠 동안 자세히 둘러보니 저 석산 뒤에 물을 흘려보낼 통로가 있어.

그건 저희도 알지만 산을 옮길 수 없는 노릇이라서요.

내게 방법이 있다!

돌이 열을 받으면 폭발하는 성질을 이용해 석산에 불을 놓으면 구멍이 생기지.

이랑아, 이 일은 네게 맡기겠다.

걱정 마십쇼. 제가 잘 처리하겠습니다.

손발이 척척!

180

나는 강에 인공 섬을 건설해 강물이 두 길로 갈라져 흐르게 하겠다.

외강은 하류로 흐르게 하고, 내강의 물은 비축해 두었다가 평원에 농수로 쓰면 된다.

홍수 철에 물을 비축하고 갈수기에 물을 방류하면 수해와 한해 모두 걱정할 필요가 없다.

오, 누구도 생각 못한 기발한 방법입니다.

먼저 지반을 닦고 자갈을 담은 마대를 강에 투입하라!

풍덩

풍덩

모두들 힘내시오!

영차

영차

식사 시간이니 다들 쉬었다 하세요!

쩝쩝

냠냠

음식이 너무 싱거워. 이래서는 기력을 보충하기 어렵겠는걸.

지금 내 음식 솜씨를 탓하는 거야?

이 지방은 소금이 부족해서 그나마 있는 소금을 일꾼들에게 우선 공급했어요. 아이들은 아예 맛도 못 본다고요.

촉군의 지질 상태를 관찰해 보니 소금이 부족할 리 없는데.

이빙은 천연 소금이 있을 만한 곳을 골라 사람을 시켜 염정을 파기 시작했다.

순조롭군.

드디어 찾았다!
이걸 불에 가열
하면 소금을
얻을 수 있어.

야호!

태수님 덕분에
촉군이 정염*을
얻었습니다.

이제는 음식을
만들 때 소금을
아낄 필요가
없어졌어요.

눈 깜짝할 새
1년이 흘렀군.
인공 섬이 올해
홍수를 견뎌 낼지
모르겠어.

* 정염井鹽
소금기가 녹아 있는 지하수에서 얻은 소금.

홍수가 났다!
홍수가 났어!

솨~

어라?

큰일이다!
인공 섬 둘레의
진흙과 마대가 쓸려
내려가면 섬은 곧
무너지게 돼!

젊고 건장한
청년들은 나와
함께 인간
장벽을 쌓자!

좋습니다!

이랑아,
조심해야 한다.

아버지,
걱정 마세요.

이랑아
……

모두 젖 먹던 힘까지 다해라. 그렇지 않으면 1년의 노력이 물거품이 된다!

윽!

팍!

으악!

콸콸

전 더 이상 버티기 힘들겠어요 ......

공자님!

부디, 인공 섬을 지켜주......

185

이랑아!
아들아!

마을 청년들의 노력으로 마침내 인공 섬이 물살에 쓸려 내려가는 것을 막을 수 있었다.

우리 이랑이 못 봤나?

공자,
공자님은
......

뭐?

공자님은
홍수에 떠내려
가셨어요!

186

대인……

이랑아, 네가 목숨으로 지킨 과업을 이 애비가 꼭 완수하겠다!

수년간의 노력 끝에 이빙은 민강의 홍수를 막을 뿐 아니라 관개용수까지 얻을 수 있는 도강언을 완성했다.

이제 우리는 더 이상 홍수를 두려워하지 않아도 된다!

만세!

해냈다!

수로에 세워진 동상 세 개는 우리를 지키는 수호신이다.

수위가 동상 어깨를 넘어서면 물을 방류하고, 복사뼈 아래로 내려가면 물을 저장한다.

가운데 동상은 꼭 이랑 공자를 닮지 않았어?

맞아, 이랑 공자야! 이랑 공자가 우리의 수호신이라고!

도강언이 완공되면서 민강이 범람해 재해가 발생하던 문제를 해결했을 뿐 아니라 수십 개 현에 관개용수까지 공급하게 되었다. 이로써 성도 평원은 넓고 기름진 들판이 펼쳐진 풍요로운 땅으로 변모하고, '천부지국*'이라는 아름다운 이름을 얻었다.

* 천부지국天府之國
자원이 풍부하고 토지가 비옥한 천혜의 자연 지역을 가리키는 말로, 일반적으로 사천四川성을 일컬음.

법가 사상을 완성한 한비자

이사가 진나라로 떠난 지 얼마 후 그의 사제인 한비도 스승 순자에게 작별을 고하고 자신의 정치적 포부를 실현하고자 했다.

한비야, 너도 이사처럼 진왕을 보좌할 생각이냐?

저…저는 한나라로 돌아가 나…나라를 부강하게 만들고 …싶습니다.

한왕이 널 중용하지 않아 뜻을 펼치지 못할까 걱정이구나.

에고, 우리 한비……

한나라는 저… 저의 조국입니다. 저는 조…조국을 강대하게 만들려는 생각뿐입니다.

좋다. 네가 원하는 데로 가서 꿈을 펼쳐 보아라.

스승님, 안녕히 계십시오.

한나라 신정

진나라의 천하통일은 정해진 수순이라 네가 한나라를 구할 수는 없단다. 이사는 이 점을 너보다 잘 알고 있었어.

그…그래서 대외 전쟁의 승리는 반드시 구…국내의 완벽한 법제에 의존해야 합니다.

그대의 말을 들어 보니 일리가 있소. 그대에게 법률 관장을 맡기겠소.

감사합니다!

하지만 오해는 마시오. 과인이 그대를 기용한 이유는 학문이 뛰어나서가 아니라 그대가 한나라 종실이기 때문이오.

종실 이오?

그게 아니면 내가 말더듬이를 뭐하러!

현인을 가… 가려서 등용해야 나라를 부강하게 만드는데, 어찌 추…출신을 중시하십니까?

됐소, 됐소. 그대의 말을 들어 주기 괴로우니 하고 싶은 말은 아예 글로 올리시오.

글로요?

유세의 어려움이란 내 지식이 부족하여 상대를 설득하기 어렵다는 것이 아니고, 또 말재주가 서툴러 내 뜻을 다 밝히기 어렵다는 것도 아니며 ……

이사, 이 문장을 본 적 있소? 정말 훌륭하구려!

그건 제 사제인 한비가 쓴 것입니다.

과인이 이 한비라는 자를 꼭 만나 봤으면 좋겠소!

그건 어렵지 않습니다. 한나라를 공격해 한왕에게 한비를 내놓으라고 하면 그만입니다.

한비, 진나라가 그대를 찾는다며 쳐들어왔소!

대…대왕은 걱정 마십시오. 시…신이 진나라로 가겠습니다.

한나라를 공격하지 않도록 진왕을 설득해 주시오. 한나라의 안위가 그대에게 달려 있소.

시…신 최선을 다하 겠습니다.

192

진나라 궁궐

진왕 폐…폐하를 아…알현합니다.

하하, 과인이 드디어 그대를 만나게 됐구려.

문장이 정말 훌륭하다 했더니 말더듬이였군요. 하하!

말로 정확히 표현하기 어려우면 글로 써도 좋소.

과인은 그대의 '법술세*' 이론이 매우 맘에 들었으니 좋은 가르침을 주시오.

제가 머…먼저 이야기 하나를 들려 드리겠습니다.

말해 보시오.

전 어…어쨌든 한나라 사람이라 폐…폐하께서 절 믿지 않을까 걱정입니다.

*법술세法術勢
백성을 다스리는 '법'과 신하를 다스리는 '술'에 더해 군주에게 '세'가 꼭 필요하다는 이론으로, 부국강병을 이루려면 강력한 중앙집권 체제를 갖춰야 한다고 주장했다.

방공, 태자를 잘 돌봐 주게.

신이 드릴 말씀이 있습니다.

전에 위…위왕이 방공에게 조나라에 인질로 가는 태…태자를 수행하게 했습니다.

어떤 사람이 대왕께 길거리에 호랑이가 나타났다고 하면 믿으시겠습니까?

당연히 안 믿지!

또 한 사람이 와서 호랑이가 나타났다고 하면 믿으시겠습니까?

그래도 믿긴 어렵지.

세 번째 사람이 와서 나타났다고 하면요?

그러면 아마도 믿지 않을까?

거리에 호랑이가 나타날 리 없는데 세 사람이 와서 말하니 대왕께서 믿으셨습니다.

태자가 멀리 한단으로 가면 많은 사람들이 분명 태자를 험담할 것입니다. 대왕께서는 이를 잘 살피십시오.

무슨 말인지 알겠네.

그…그런데 후에 정말 태자를 허…험담하는 사람이 매우 많았습니다.

태자가 귀…귀국하자 위왕은 태자를 보고 싶어 하지 않았습니다.

선생의 말인즉, 누가 과인 앞에서 선생을 험담하면 시비를 명확히 판별하라는 것이군요.

바…바로 그 말씀입니다.

알았으니 과인에게 치국의 도를 가르쳐 주시오.

예!

대…대왕께서 나라를 잘 다스리려면 다…다섯 가지 악인과 여덟 가지 소인을 멀리 하셔야 합니다.

요고는 물러가시오.

과인 곁에도 악인과 소인이 있소?

다…당연히 있습니다. 좌우를 무…물리쳐 주시기 바랍니다.

한비가 내 험담을 하려고 날 내보내는 것 아냐?

다섯 가지 악인은 바…바로 유학자, 종횡가, 유…유협*, 문객, 상인입니다.

음……

* 유협遊俠
  협객. 한비는 유협을 무력을 휘둘러 사욕을 채우는 자라고 경멸했다.

선생은 진정한 과인의 지기요.

뭐지? 저 분위기는?

폐하가 한비를 저토록 아낀다면 내 자리도 위험해 지겠어.

대왕!

요고, 무슨 일이오?

신이 한비가 한나라 첩자라는 증거를 찾았 습니다.

정말이오?

197

애석하군. 과인이 그를 중용하려 했건만.

이사, 그대의 생각은 어떻소?

한비는 한나라 종실이라 한나라 편을 들 테니 진나라에 불리합니다.

그렇다면 그를 옥에 가두시오.

속아 넘어갔군!

요 대부, 편지를 정말 감쪽같이 위조 했더군요.

이 대인의 연기도 아주 훌륭했소.

내 자리를 보전하려면 어쩔 수 없어. 사제, 날 탓하지 말게.

이사는 아예 한비를 없애려 옥으로 그를 찾아갔다.

어서 푸…풀어 주시오!

사제!

사형, 저 좀 구…구해 주세요!

휴… 네가 한나라 간첩이 아니라고 아무리 말해도 대왕께서 들질 않으시네.

어…어떻게 이럴 수가 있어요?

진나라의 잔혹한 형벌은 너도 알 거야. 나중에는 살아도 산 게 아니라고.

네가 모진 고문을 당하는 걸 차마 볼 수 없구나. 차라리 이 약을 먹고 고통 없이 죽거라.

내가 너무 경솔하게 한비를 감옥에 가둔 건 아닐까?

그런 인재를 섣불리…

맞다! 그가 다른 사람의 이간질을 믿지 말라고 했었지!

여봐라! 얼른 한비를 풀어 줘라!

훗, 벌써 게임 오버다! 크크

한비가 죄가 두려워 이미 자살했습니다.

뭐?

한비는 법가法家 학설을 집대성한 인물이다. 진나라에서 억울한 죽음을 맞았지만 그의 학설은 대부분 진 왕 영정에게 채택되어 중국 역사상 최초의 통일 왕조인 진나라의 통치 사상이 되었다.

형가가 진왕 암살에 실패하다

전국시대 말기에 진나라 대군이 육국을 유린했다. 연나라 태자 단은 진나라에 인질로 잡혀 있다가 귀국한 후 자신을 업신여긴 진나라에 복수하기로 마음먹었다.

쉭~

바람아, 바람아, 태산 꼭대기에서 처량하게 불고

바람아, 바람아, 기산의 대나무에는 해가 비치지 않는구나.

훌륭하오!

짝 짝 짝

앗! 태자 단이다!

연나라 태자도 주점에 술을 마시러 오나?

멋진 검법이오. 그대가 형가요?

그렇습니다.

축을 멋지게 연주한 그대는 고점리*겠군요.

과찬 이십니다.

내 두 분께 술을 대접하고 싶습니다.

* **고점리**高漸離
  형가의 친구로 진왕 암살 모의에 가담했다. 형가가 죽자 진왕이 그의 눈을 멀게 했다.

진나라 군대가 연나라 국경까지 이르렀는데 저희와 한가로이 술을 마셔도 되나요?

선생의 존함을 오래 전부터 들어왔습니다. 태자부에서 가르침을 베풀어 주십시오.

태자부라니. 웬 떡이냐!

태자께서 친히 납시어 제 체면을 살려 주셨으니 기꺼이 따르겠습니다.

고점리도 같이 가시지요.

저는 왕부 생활에 적응이 안 돼서 사양하겠습니다.

203

단은 형가를 태자부로 데리고 와 보화, 진수성찬, 미녀 등을 바치며 그의 환심을 사고자 했다.

정말 아름다운 노래구나!

참 예쁜 손이다!

속닥속닥 ······

짹짹~

이게 뭐요? 어째서 이걸 내게 주는 거요?

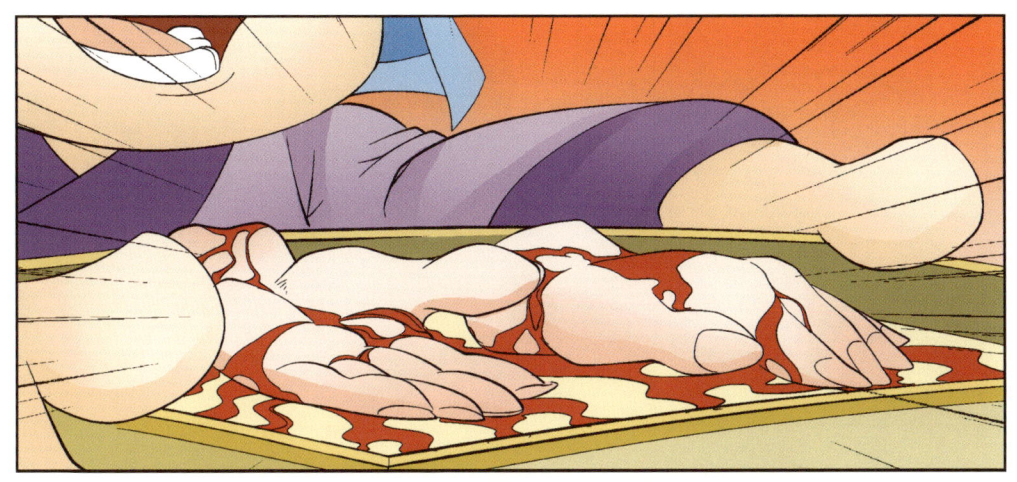

그대가 그 여인의 손을 너무 좋아하여 선물로 잘라 왔소.

아무리 그래도 이건 너무 잔인하다고 생각됩니다.

진왕이 전에는 날 모욕하더니 지금은 연나라를 침략하려 합니다.

이 치욕을 씻기 위해 그대가 진왕을 암살해 주십시오.

진왕을 암살?

어서 일어 나십시오. 큰절을 하시면 제가 너무 불편합니다.

응낙하지 않으면 일어나지 않겠소.

법률이 가혹한 진나라가 천하를 통일하면 저 같은 유협은 용납하지 않을 게 분명합니다.

어차피 죽는다면 장렬한 죽음을 택하겠습니다!

하지만 진왕 가까이 갈 방법 이 없으니……

연나라에 숨어 있는 진나라 장수 번오기樊於期는 진왕의 원수이니 그의 목이 필요합니다.

헉! 나보고 잔인하다더니 목이라니!

제가 번 장군에게 말해 보겠습니다.

순순히 목을 내 줄까?

장군이 연나라로 도망치자 화가 난 진왕은 장군의 가족을 몰살했습니다. 장군은 원수를 갚고 싶습니까?

아니, 그걸 어찌 아시오?

물론이오. 꿈에서도 그 생각뿐입니다!

제가 진왕을 암살하려 하는데 그가 만나 주지 않을까 걱정입니다.

제 모든 걸 바칠 테니 필요한 것은 무엇이든 말하십시오!

듣자니 진왕이 장군의 목에 현상금 천금을 걸었다던데……

선생이 진왕을 죽이기만 한다면 내 목숨을 기꺼이 내놓겠소!

내 목을 가져가 진왕에게 바치시오!

이 비수에는
극독이 묻어 있어서
진왕을 스치기만 해도
목숨을 빼앗을 수
있을 거요.

쌩쌩—

하직 인사
올립니다.

딩딩~

앗! 고점리가
날 배웅하러
왔구나!

바람은 쓸쓸하고
역수는 차가우니,
장사도 이 물처럼 한 번
가면 다시 돌아올 수
없구나!

진나라 궁궐

신 형가가 연왕의 명을 받들어 진왕을 배알합니다!

그대가 진나라를 반역한 번오기의 목을 가져 왔다던데?

예!

분명 번오기의 목입니다.

신은 또 연왕이 바치는 선물로 독항 지역의 지도를 가지고 왔습니다.

올라오라.

연왕이 눈치가 아주 빠르구나.

뭐하는
짓이냐?

어딜 도망
가려고!

부욱—

여봐라!
게 아무도
없느냐!

대신은 무기를
들고 조정에
나올 수 없는데.
어쩜 좋지?

자객이다!

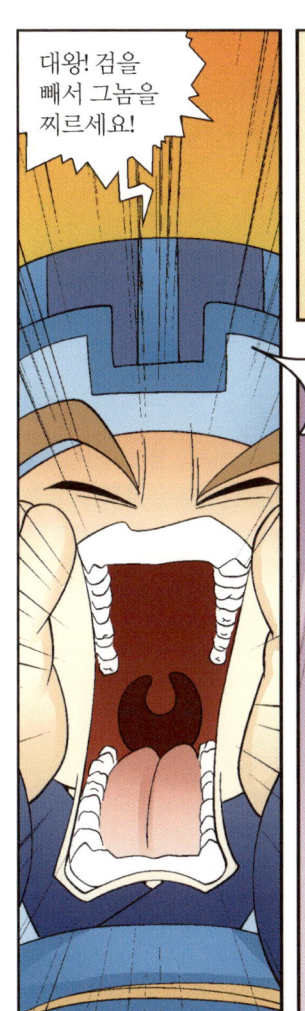

대왕! 검을 빼서 그놈을 찌르세요!

이런, 검이 빠지질 않아!

이야—

악!

챙—

으악!

쉭

혁혁……

대담한 놈, 너의 피를 연나라 정벌 대군의 깃발에 뿌리겠다!

너를 협박해 연나라 땅을 돌려받으려 했더니 내 욕심이 과했어.

그 자리에서 찔러 죽였어야 했는데!

형가가 진왕 암살에 실패한 후 진나라는 대군을 동원해 연나라 정벌에 나섰다. 연나라가 망하자 태자 단은 도망 중에 아버지인 연왕 희에게 죽임을 당했다.

진시황이 중국을 최초로 통일하다 上

기원전 229년, 진나라 군대는 한단성 밖에서 이목이 거느린 조나라 군대와 대치했지만 좀처럼 승부가 나지 않았다.

육국에 이토록 유능한 인재가 있는 줄 몰랐소. 이사, 좋은 방법 없소?

이목은 전쟁에서 한 번도 패한 적이 없습니다. 그를 상대하려면 노장 왕전을 출전시켜야 합니다.

조왕이 총애하는 신하 곽개는 소인 중에 소인입니다. 그를 매수해 이목이 스스로 왕이 되려 한다고 모함하는 방법이 더 낫습니다.

조왕은 대장의 모반 소식을 듣고 분명 이목을 다른 인물로 대체할 것이고, 어쩌면 그를 죽일지도 모릅니다.

좋은 계책이오! 울료*, 이 일은 그대에게 맡기겠소.

예!

진나라의 이간책에 넘어간 조왕은 몰래 사람을 보내 이목을 체포해 죽였다. 이 소식을 들은 진왕은 즉시 왕전을 출동시켜 총공격에 나섰다.

조왕이 이목 장군을 죽였다! 어리석은 임금을 위해 목숨을 바칠 필요가 없다!

옳소!

조왕이 곽개 같은 소인을 총애하니 그러러 싸우라 하고 우린 집으로 돌아가자!

맞는 말이야. 우린 가자고!

왕전 장군님, 이목이 죽고 조나라 군대에서 반란이 일어났습니다. 지금이 공격할 적기입니다.

좋다. 이번에는 꼭 한단성을 취하고 말겠다!

* 울료蔚繚
진나라의 정치가. 진시황의 천하 통일에 큰 공을 세웠다.

왕전은 민심이 어지러워진 조나라 군대를 궤멸하고 한단성을 점령했다. 기원전 228년, 조왕이 투항하면서 조나라는 멸망했다. 진왕 영정은 생모 조태후를 모시고 고향인 한단을 찾았다.

살아서 한단에 다시 올 줄은 몰랐구나.

정아, 우리가 어디에서 살았는지 기억나느냐?

제가 너무 어렸을 때라 아무 기억도 나질 않습니다.

그때 네 부왕은 한단에 인질로 잡혀 있었다. 진나라와 조나라가 싸울 때마다 우린 얼마나 무서웠는지 모른단다.

옛날 일은 더 이상 꺼내지 말아 주세요.

다행히 여불위의 도움으로 우리가 진나라로 도망쳐 지금의 네가 있게 된 거야.

215

더 이상 그 이름을 꺼내지 말라고 말씀 드렸잖습니까?

한단에 원수진 자가 있으면 말씀하세요. 제가 모두 죽여 버리겠습니다.

당연히 있지. 우릴 괴롭힌 사람들이 얼마나 많았는데.

생각해 보고 말하마.

기원전 227년, 연나라 태자 단이 형가를 보내 진왕 암살을 시도했다. 대로한 진왕은 왕전에게 대군을 이끌고 가 연나라를 치도록 명했다. 연왕 희는 왕전을 당해 내지 못하고 태자 단과 함께 요동으로 달아났다. 이에 진왕은 이신에게 태자 단을 끝까지 쫓으라고 명했다.

대왕,
태자 단의 목을
가져 왔습니다.

이신李信, 겨우 수천 명을
이끌고 요동까지 저들을
추격해 연왕이 태자 단을
죽이고 화친을 요청하도록
만들다니. 대단하구나!

대왕을 위해
충성을 다하는 것
보다 더 큰 영광은
없습니다!

훌륭한 청년이로구나.
인재가 많이 배출돼야
후에 나라를 이끌어
갈 수 있지!

지금 진나라는
연, 조, 한 및 대량성
외곽을 제외한
위나라까지 모두
차지했소.

이사, 울료,
아직 우리에게
감히 귀순하지 않은
나라는 어디요?

제왕이 총애하는 신하 후승이 우리의 뇌물을 받아서 제나라는 진나라를 피하기 바쁘므로

지금 우리와 맞설 수 있는 나라는 초나라뿐입니다.

위왕이 대량성을 사수하고 있어서 후환이 될까 염려되니 먼저 위나라를 멸하는 게 낫습니다.

그 말도 일리가 있군. 이참에 위나라를 점령해야겠어.

초, 초나라를 먼저……

홋, 어딜 감히!

왕전이 아직 연나라에서 뒷수습을 하고 있으니 그의 아들 왕분王賁을 대장으로 삼으십시오.

그렇게 하시오.

218

대량성

대량성은 높고 견고하여 강공을 펴면 사상자만 늘어난다. 좀 더 방법을 강구해 보자.

왕 장군님, 위왕이 성을 사수하고 있으니 강공을 펼칠까요?

지금은 물이 불어나는 시기이니 대량성에 수공을 가하자!

묘책이십니다!

219

콸콸콸—

대왕, 더 이상
버티기 어려우니
항복하시지요.

안 된다!

과인은 당당한
일국의 군주다.
위나라가 망하는
한이 있어도 절대
항복할 수 없다!

며칠 후

대왕, 진나라 군대가 배를 타고 쳐들어옵니다!

철수하라! 우린 초나라로 간다!

어딜 달아나느냐!

위왕, 얼른 항복하시지!

아……

기원전 225년, 왕분이 위나라를 멸하고 개선했다.

왕분, 아버지와 견주어도 전혀 손색이 없는 완벽한 승리였다!

이는 모두 대왕의 홍복이십니다.

이 노인네 앞에서 젊은이를 칭찬하시니 질투가 납니다.

어쨌든 왕씨 일가 아니오. 정말 범 같은 아비에 개의 자식은 없소!

노장군에게 묻겠소. 초나라를 공격하려면 군사가 얼마나 필요하오?

신이 보기에 반드시 60만은 있어야 합니다.

60만 이라고?

진나라 철기군은 일당십에 천하무적인데 그렇게나 많이 필요하단 말이오?

이신, 20만 대군을 내줄 테니 당장 출격하라!

신이 반드시 초왕의 목을 칼에 꿰어 대왕께 바치겠습니다!

이신, 그대는 얼마면 되겠는가?

20만이면 족합니다.

좋다. 과연 청년 영웅이로구나.

신은 여러 해 동안 전장을 누비느라 늙고 병까지 깊어 이만 사직하고 고향으로 돌아가려 합니다.

좋소. 그만 돌아가 쉬시지요.

그런데 어쩐 일인지 진왕이 직접 왕전을 찾아가는데……

왕 장군, 그동안 별고 없으셨소?

쑥쓰럽구만.

앗, 대왕께서 어쩐 일이십니까?

이신이 초나라 군대에게 박살이 나서 과인이 직접 노장군을 모시러 왔소.

초나라는 대국인데다 자국 내에서 싸우므로 사기가 매우 높습니다. 결코 가볍게 볼 상대가 아니죠.

장군 말이 맞소.

초나라를 공격하려면 60만이 아니면 절대 안 됩니다.

좋소. 내 장군의 뜻대로 하리다!

진시황이 중국을 최초로 통일하다 下

기원전 224년, 진왕 영정은 왕전을 대장으로 삼아 60만 대군을 이끌고 초나라를 공격하도록 명했다.

지난번에 대왕께서 약속하신 저택 하사 문서는 재가를 하셨는지요?

끈질겨라.

아직도 출발하지 않았구려. 과인에게 이미 별장 몇 채를 요구하지 않았소?

장군이 큰 공을 세운다면 상이 그뿐이겠소?

대왕께서 천하를 통일하시면 더는 싸울 기회가 없습니다.

신은 이번 마지막 출전 기회에 자손을 위해 먹고살 땅을 마련해 주고자 합니다.

좋소. 과인이 지금 문서에 서명할 테니 장군은 염려 말고 출발하시오.

내가 써주고 만다. 진짜!

감사합니다. 신이 좋은 소식을 가지고 돌아오겠습니다!

아버지, 대왕께 너무 많은 것을 요구해서 심기를 건드린 것 아닐까요?

군주는 절대 군권을 쥔 대장을 신뢰하지 않는다.

이목, 백기는 백전백승의 명장 이었지만 결국 왕의 손에 죽지 않았느냐?

지금 나는 전국의 거의 모든 군사를 거느리고 있다. 대왕께 물욕을 드러낸 것은 권력에 전혀 뜻이 없음을 보이기 위함이다.

역시 주도면밀 하십니다.

남방은 정말 덥구나. 다들 고생했으니 돌아가며 냇가에서 멱을 감도록 해라!

와, 신난다!

초나라 명장인 항연*을 앞에 두고 이러면 군기가 해이해지지 않을까요?

너는 방비를 철저히 하고 다른 일에는 신경 쓰지 마라.

장군의 분부에 따라 군사들에게 매끼 고기를 먹이고 있습니다.

나는 군사들과 식사하러 가겠다. 너희들도 그들과 똑같은 밥을 먹도록 해라.

옙!

하하하

* 항연項燕
초나라의 명장. 진에 맞서 마지막까지 저항했다.

왕전, 겁쟁이야! 배짱 있으면 나와 봐라!

지난번 패배로 두려워 숨는 거냐?

항 장군, 아무리 욕을 해도 진나라 군대는 꿈쩍도 하지 않습니다.

진나라 군대가 놀러 온 것 아닐까요?

전쟁터에서 잔뼈가 굵은 왕전이 무슨 꿍꿍이일까?

몇 달이 지나도록 왕전은 싸움에 전혀 응하지 않았다.

방금 각 군영을 다녀왔는데 병사들이 모두 집에 돌아가 벼를 수확해야 한다고 난리입니다.

왕전이 일부러 싸움을 피한 건 바로 이때를 기다린 것이었어.

진나라 군대는 직업군인이지만 우리는 대부분 농민을 징집한 것이라

농사철을 놓치면 손실이 매우 큽니다.

당장 철군해 수확 철이 지나고 나서 다시 출전한다.

예!

초나라 군대가 철수하자 기회를 노리고 있던 왕전이 즉각 반격에 나섰다.

장군, 진나라 군대가 추격해 옵니다!

뭐?

기병대는 나를 따라 후방을 끊는다!

하지만 만반의 태세를 갖춘 진나라 군대에게 무참히 박살나고 말았다.

돌격!

장군, 전세가 불리합니다!

달아나는 자는 목을 베겠다!

내 초왕과 초나라를 볼 면목이 없구나!

왕전은 승세를 타 초나라 도읍을 점령하고 초왕의 항복을 받아냈다. 이로써 초나라가 멸망했다.

장군!

진왕의 어가가 도착했다!

대왕께서 친히 맞아 주시니 영광입니다!

장군이 초나라를 멸한 공이 가장 크오. 이제 우리 적수는 모두 사라졌소.

장군은 조금 더 분발해서 남방의 이민족인 백월을 복종시켜 주시오.

예!

연나라가 아직 요동에 자리를 잡고 있으니 왕분이 출전해 그들을 멸하라!

예!

기원전 223년, 왕분은 연왕 희를 사로잡고 연나라를 멸망시켰다. 이듬해에는 제나라를 멸하고 제왕 건을 포로로 잡았다. 이로써 2백여 년간 지속된 전국시대는 진나라가 육국을 무너뜨리면서 마침내 끝이 났다.

과인이 육국을 멸하고 천하를 통일한 큰 업적으로 볼 때, '왕'이란 칭호는 격에 맞지 않는다는 생각이오.

그럼 뭘로?

새로운 칭호?

고대에 왕보다 고귀한 것은 바로 삼황오제입니다. 폐하께서는 어떤 칭호를 원하십니까?

삼황 오제라고?

삼황과 오제의 업적이 과인보다 못하니 이제 과인을 '황제皇帝'라고 칭하겠소!

232

황제?!

이제부터 황제는 스스로 '짐朕'이라 칭한다. 짐은 유사 이래 최초의 황제이니 '시황제始皇帝'라 부르겠다!

맘에 쏘~옥 드는구나!

경들은 모두 일어나시오!

하하하!

신이 시황제를 알현합니다!

신들도 시황제를 알현 합니다!

233

임치성

쌀 10근이 왜 고작 요것밖에 안 되는 거요?

쿵!

내가 저울로 무게를 잴 때 당신도 직접 보지 않았소?

그때는 양이 이렇게 적은 줄 몰라서……

싸우지들 마세요. 한 명은 조나라 사람이고 한 명은 진나라 사람이라

'근'의 개념이 서로 다르기 때문이에요.

나라마다 도량형이 다 달라 장사하기도 쉽지 않겠어.

못 해먹겠다.

당신은 장사라도 하지. 난 한나라에서 피난 오면서 많은 돈을 가져왔는데 아무도 받아주지 않는다고!

각 나라마다 돈이 다른데 지금 육국이 망해서 돈을 바꿀 곳이 없어져서 그래요.

그럼 통일이 무슨 의미가 있어?

너무 불편해!

진나라 병사 귀에 들어가면 뼈도 못 추린다고!

차라리 전처럼 각국이 알아서 다스리는 게 백번 낫지.

죽고 싶어서 그래?

마부, 이 짐 좀 운반할 수 있을까요?

휴, 지금 제나라 보물을 진나라로 운반하다가 몇 번은 넘어졌어요.

수레바퀴 폭이 달라서 다니기 너무 힘들다고요.

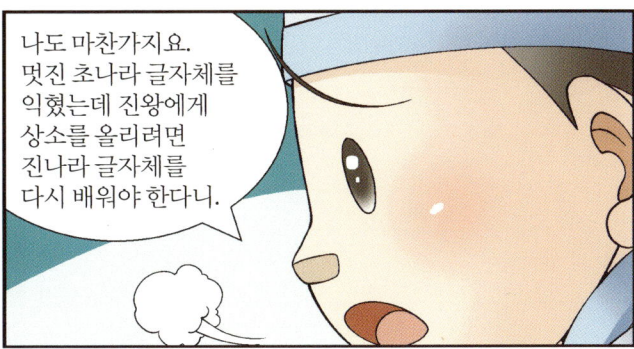

나도 마찬가지요. 멋진 초나라 글자체를 익혔는데 진왕에게 상소를 올리려면 진나라 글자체를 다시 배워야 한다니.

235

백성들이 왜 짐의 국가에 대해 자꾸 왈가왈부 하는 것이오?

아, 어색해.

정말 짐이라 칭하시네.

적응 안 된다.

나라마다 고유한 문자, 화폐, 도로, 도량형 등이 있었는데, 통일 후 새로운 국가에 모두 맞지 않아서입니다.

그럼 당장 수레바퀴 폭, 문자, 도량형 등을 통일하시오!

명에 따라 시행하겠습니다!

진시황은 중국 역사상 최초로 통일된 중앙집권 국가를 건설하고 혁신적인 제도와 행정 조치를 널리 취하여 후대에 깊은 영향을 미쳤다.

다음 권에 계속됩니다…